CATALOGUE

RAISONNÉ

DES CURIOSITÉS

Qui compofoient le Cabinet de
feu Mme Dubois-Jourdain.

Par Pierre Remy.

A PARIS.

Chez Didot, l'aîné, Libraire & Imprimeur,
rue Pavée, la première Porte cochere en entrant par le Quai des Auguftins.

M. DCC. LXVI.

Nota. La Table des Matieres ſe trouve à la fin de ce Catalogue.

AVERTISSEMENT.

Lorsque M. Gerfaint donna au Public le Catalogue du Cabinet de M. de Lorangere, il difoit de ce célebre Curieux, » que pendant toute fa vie, il n'avoit » connu d'autres plaifirs que les » momens qu'il paffoit à cher-» cher les occafions de fe procu-» rer quelques nouveautés dans » les parties qui faifoient l'objet » de fa curiofité. Jamais Curieux » ne fut plus ardent à acquérir ; » il réfiftoit difficilement à l'en-» vie de poffeder un beau mor-» ceau quand il lui manquoit ; » fouvent même fes defirs trou-» bloient fon repos, quand quel-» que hafard l'empêchoit de les » fatisfaire. Il n'épargnoit ni foin » pour chercher, ni argent pour » acquérir, & il a mérité à jufte » titre la qualité d'Amateur.

M. Gerfaint ne penfoit gueres

alors, qu'en rendant à M. de Lorangere le tribut d'éloge qui lui
étoit dû, il traçoit en même-tems
le portrait de la Perſonne ſi juſte-
ment regrettée de tous les Ama-
teurs, dont le Cabinet fait l'objet
de ce Catalogue. Tous ceux en
effet, qui ont eu l'avantage de
connoître Madame Dubois-Jourdain, la reconnoîtront trait pour
trait dans ce tableau. Le gout
qu'elle avoit pour l'Hiſtoire naturelle, étoit chez elle, comme
une paſſion favorite, à laquelle
toutes les autres étoient ſacrifiées.
Née avec autant d'envie que de
diſpoſitions pour tout apprendre,
M. Dubois-Jourdain lui avoit ai-
ſément inſpiré ce gout, qu'il avoit
lui-même.

Qu'il nous ſoit permis de dire
ici un mot de ce bon Citoyen, ſi
reſpectable par ſon amour patrio-
tique, plus encore par ſa probité,
par ſa candeur & par les actions
d'humanité dont toute ſa vie a été

remplie. Nous ne defcendrons
point dans le détail de toutes fes
actions; malheureufement les ver-
tus des Particuliers n'intéreffent
pas affez le Public. Sa fortune le
mettoit à portée de fatisfaire fes
gouts: celui auquel il fe livra d'a-
bord, fut celui de l'Hiftoire; mais
peu content de favoir les faits hif-
toriques, fur-tout les anciens,
qui lui étoient familiers, il aimoit
à les voir comme préfens dans tout
ce qui pouvoit les retracer aux
yeux: c'étoit pour fe procurer cette fatisfaction, qu'il avoit raffem-
blé en Livres & en Manufcrits,
en Tableaux & en Eftampes, en
Médailles & en Bronzes, tout ce
qui avoit quelque rapport intéreffant à l'Hiftoire. L'on a pu juger de
l'immenfité de cette Collection,
par la vente que nous en avons faite à fa mort, l'année derniere.

En cherchant ce qui pouvoit
avoir trait à l'Hiftoire, il rencon-
tra chez les Marchands, des objets

d'Hiſtoire Naturelle : ces objets lui plûrent ; ils plûrent auſſi à Madame Dubois Jourdain , en très peu de tems ſon gout devint très vif. Elle voulut former un Cabinet avec connoiſſance : dans cette vûe , elle fit une étude particuliere de ce qu'en général on ne regarde que comme un amuſement. Ce zele ardent pour apprendre , lui fit ſuivre ſucceſſivement différens Cours de Phyſique , de Chymie & d'Hiſtoire Naturelle : auſſi étoit-elle très inſtruite.

Il eſt aiſé d'imaginer qu'avec autant d'ardeur que de connoiſſance, Madame Dubois Jourdain dût compoſer un très beau Cabinet. Coquilles, Madrépores, Animaux , Inſectes , Minéraux , Cailloux , Agates , Pierres fines , en un mot, toutes les productions de la nature entroient dans ſon Cabinet.

Nous ne craignons point d'en trop dire pour faire l'éloge de cette Collection auſſi univerſelle qu'elle eſt recherchée. Il n'eſt pas même poſſible que nous ajoutions à ſa réputation ; elle eſt répandue non - ſeulement à Paris & dans toute la France, mais encore dans les Pays Etrangers : Madame Dubois-Jourdain, ſe faiſoit un plaiſir de montrer ſon Cabinet à tous ceux qui deſiroient de le voir ; & quand on en ſortoit, on étoit auſſi étonné du bel ordre, dans lequel on avoit vu les objets, & du local richement décoré, qui en relevoit encore l'éclat, que ſatisfait & reconnoiſſant de la façon diſtinguée avec laquelle on avoit été reçu. Les Etrangers qui l'avoient vûe, lorſqu'ils étoient de retour chez eux, avoit grand ſoin de recommander à tous ceux de leur Patrie qui voyageoient en France, d'aller voir ce Cabinet. Pour marquer plus particulierement leur reconnoiſſance à Madame Dubois - Jourdain, ils entretenoient avec elle un commerce de lettres relatives à l'Histoire Naturelle, & lui envoyoient avec empressement les productions de leur Pays, & les choses rares qu'ils pouvoient rencontrer.

Madame Dubois - Jourdain a toujours répondu à leur générosité par des envois réciproques. C'est par ces échanges multipliés qu'elle avoit acquis les plus beaux morceaux de sa riche Collection de mine.

Cette partie forme un objet tout - à - fait digne de l'attention des Curieux, par la suite & le beau choix, qu'on y remarque. Une chose même très essentielle, c'est que chaque morceau a son étiquette, qui annonce ce qu'il contient, & le Pays d'où il vient. Nous faisons cette remarque parce qu'en général ce que l'on achete est sans étiquette, ou avec des étiquette fausses ; chose très désagréable pour ceux qui forment

des Cabinets, puifque ce défordre
induit en erreur, & empêche de
reconnoître les productions de
chaque Pays.

Les Pétrifications font encore
une fuite intéreffante; elle a été
faite avec attention, & il eft difficile d'en former une dans ce
genre, qui foit plus étendue &
mieux choifie. On y voit des morceaux uniques, & qu'on ne peut
pas fe flatter de trouver, même
avec le tems : il faut des hafards
heureux pour fe les procurer.

Les Cornalines, les Agates, les
Jafpes occupent auffi une grande
place dans ce Catalogue; il y a
non-feulement de beaux échan-
tillons, en plaques, de toutes ces
pierres; mais encore des taffes,
des foucoupes, des vafes mêmes,
dont quelques uns font montés en
or & en argent, & doivent être
regardés comme bijoux, ou comme meubles précieux.

Tout le monde fait que ce Cabinet renfermoit une belle Collection de Coquilles & de Madrépores. Parmi les Coquilles, il y en a de très rares : la plupart font d'un volume peu ordinaire & riches en couleurs : les Madrépores font auffi d'un grand volume, de formes très agréables, & en grand nombre. On a mis à leur fuite & parmi les Polipes ou Médufes, le fameux morceau, dont M. Guettard a rendu compte à l'Académie des Sciences, & dont le Mémoire a été inféré dans ceux de l'année 1755. Ce morceau eft des plus intéreffants, non-feulement parcequ'il eft unique ; mais encore parcequ'il fert de pièce de comparaifon pour rendre compte de toutes les pétrifications, qui lui font analogues. Nous renvoyons au N°. 374, fous lequel il eft annoncé dans ce Catalogue, & où nous nous fommes étendus davantage fur fon mérite.

A l'égard des infectes, des oifeaux & des quadrupedes, le nombre n'en eft pas confidérable ;
mais il y a des Infectes étrangers
peu communs ; & parmi les oifeaux & les quadrupedes plufieurs
font monftrueux ; il y a même de
ces monftres parmi les fquelettes
humains.

Le gout univerfel de Madame
Dubois-Jourdain, lui fit acquérir
bien d'autres objets qui avoient
plus de rapport aux Arts, qu'à
l'Hiftoire Naturelle. On trouvera
dans cette vente, des Bronzes &
autres curiofités Egyptiennes, des
Figures & Buftes de marbre, de
bronze, d'ivoire, & d'autres matieres ; une très grandes quantité
de Pierres gravées en creux & en
reliefs ; de Vafes & des Bas-reliefs
d'Ivoire, travaillés avec beaucoup
d'art ; des Tableaux peints fur Lapis, Agates, Jafpes & autres, où
'Artifte a marié la couleur des ac-
cidents de la pierre avec fon fujet ;

des Habits Chinois, armes & uftenfiles Indiens & Sauvages.

Nous ne finirions point fi nous voulions parler de tous les objets qui compofent ce Cabinet ; il nous fuffit de dire que c'eft le plus beau & le plus nombreux en ce genre, que nous ayons encore vu vendre. Il eft fait pour flatter, & pour exciter la curiofité du Public.

La vente s'en fera le Lundi 12 Mai 1766, trois heures précifes de relevée & jours fuivans, rue Poupée, la deuxiéme porte co-chere à gauche en entrant par la rue Haute-Feuille.

Pour varier & fatisfaire les dif-férens gouts des Curieux, nous au-rons foin d'expofer chaque jour en vente, des Numéros tirés de chaque claffe, à l'exception néan-moins des ouvrages d'art, comme Bronzes, Marbres, Ivoires, Ta-bleaux, Portraits & Sujets en é-maux, que l'on vendra après tous les objets d'Hiftoire Naturelle.

CATALOGUE

CATALOGUE
DES CURIOSITÉS

Contenues dans les Cabinets de feue Madame Dubois-Jourdain.

COQUILLES.

1 UN *Arrosoir*, d'un assez beau blanc : il porte cinq pouces & demi de long.

2 Un *Tubulaire*, ou Tube vermiculaire, qui paroît être un Arrosoir manqué, de 3 pouces 3 lignes ; un autre *Tubulaire* de 7 pouces 6 lignes ; trois belles *Dentales* de couleur verte ; deux monceaux de *Vermisseaux* gris-blanc, & un *Vermisseau* contourné.

3 Un grand Tubulaire recourbé : il porte 15 pouces; un Vermisseau qua-

A

drangulaire, & plufieurs autres, dont un où tient une feuille, un autre fur une pierre. En tout dix morceaux.

13 - 7　4　Un Tubulaire à cloifons, de fix pouces & demi; un autre très gros qui porte trois pouces neuf lignes: trois Vermiculaires blancs, &c. En tout 16 morceaux.

17 - 2　5　Trois eftimables Groupes de *Tubu-*

abb. D. Crillon　*laires* d'efpeces différentes.

8 - 1　6　Une Baguette & une Corde où fe font formés des Vermiculaires différamment groupés; trois Coquilles & un Ourfin chargés de vermiffeaux; un Groupe de tuyaux d'orgue rouge, & un Vermiffeau.

16 - 14　7　Un joli Groupe de Vermiffeaux rouges; un autre blanc, & trois morceaux

Var. 10. Gruel　de bois des Digues de Hollande remplis de Tubulaires.

12 - 10　8　Un autre Groupe de tuyaux d'orgue rouge; des Vermiculaires fur un caillou qui leur fert de bafe; un autre

Nanteuil　fur un Ourfin; un troifieme fur une pierre & fept autres différens. En tout onze pieces.

95　9　Un très grand *Nautille papiracé,* d'un beau blanc & de la plus grande

Mar　confervation (M. d'Arg. pl. 5, lettre A), pofé fur un pied de bois avec

p. l'abbé De

Crillon

un fupport de cuivre pour tenir la-
dite Coquille.

10 La même Coquille, belle & un peu *30 . 2* *Mauvai*
moins grande, aussi sur un pied.

11 Un *Nautille*, avec des tubercules *18 . 2*
de l'espece rare (M. d'Arg. pl. 5, let- *La Magnes*
tre C.), très beau.

12 Le même un peu plus petit & aussi *30 . 1*
fort beau; un autre très petit (M. *Trounel*
d'Arg. pl. 5, lettre A.)

13 Un beau *Burgos* dépouillé, sur le- *15 . 1*
quel on a gravé des ornemens & des *de la*
grotefques d'après Callot. Il est sur *Cronicu*
un pied d'écaille garni en ivoire.

14 Un autre dépouillé en partie, & *27 . 12*
gravé en relief, représentant des figures de fantaisies & des ornemens :
un pied de bois le porte.

15 Un beau & gros *Limas* brun à cô- *24 . 1*
tes, fluviatile, peu commun, de la *Dumay*
Martinique.

16 Un Limas nommé *Cordon-bleu*, de *30 . 2*
la plus riche couleur; & un autre
chargé de cailloux, appellé *la Fri-*
piere.

17 Deux autres de mêmes especes que *4 . 10*
les précédens.

18 Deux autres *Limas*; l'un est de l'ef- *25 . 12*
pece du cordon-bleu, quoiqu'il n'en *Gruel*
ait pas la couleur; le second umbi- *p. M.me*
liqué.   A ij

Nauteuil   20. , 19 Six belles *Coquilles* bien conſervées; ſavoir, un Toît Chinois, un Limas applati; deux Dauphins, dont un vif en couleur, & l'autre dépouillé, une Bouche d'or, un Cornet de St Hubert.

23. , 20 Huit autres; qui ſont un Cadran de riche couleur, un Cornet de Saint-Hubert, l'Œil de bouc, une groſſe Peau de Serpent des mieux conſer-vée, la Bouche d'argent; deux Limas jaunes, un Mamelon blanc.

Gruel   25. 10 21 Un gros *Limas noir*, & couleur orangé, les tubercules dépouillées reſſemblent à des perles; il eſt rare & eſt gravé dans M. d'Argenville pl. 8, lettre B.

10   22 Deux Veuves, dont une dépouillée, une Peau de Serpent; deux Sabots Chinois, une très groſſe Bouche d'argent & un Perroquet. Sept coquilles.

15. 15 23 Douze Limas différens, dont deux Sabots, un Cadran, &c.

50. 4 24 Quatorze Coquilles, dont une belle Grive, deux Mamelons applatis, deux Boutons de camiſolles; un Cadran, deux belles Nérites, & un Limaçon à bouche double, peu commun.

30. , 25 Seize autres, preſque toutes ſont

Trouart

les mêmes de l'article précédent : le Limaçon à bouche double s'y trouve d'un gros volume.

26 Onze Nérites , dont une à doubles dents, & plusieurs autres Limaçons. En tout 18 Coquilles. *40 . 2* *Dumay*

27 Quatorze Limas applatis de différentes espèces. *40 . 1*

28 Huit belles Coquilles ; savoir , l'Œil de bouc d'un très grand volume , un Toît Chinois , deux Peaux de Serpens bien conservées , une Bouche d'or, un Dauphin, celui que l'on nomme les Testicules , & un autre épineux. *18*

29 Un Sabot Chinois, d'un grand volume & de l'espece rare ; un autre d'une riche couleur , & un Limas très beau. *34 . 4*

30 Six Coquilles : deux Cornets de St. Hubert de riche couleur, une Grive , un Toît Chinois, un petit Dauphin & un gros Limas d'Amérique , bien conservé. *38 . 8* *Remy*

31 Dix belles Nérites d'especes différentes , deux Boutons de camisole, une Peau de Serpent, & un Téton de Venus brun. *24* *Cte de Linski (1)*

32 Vingt Limaçons d'especes différen- *8*

A iij *13*

(1) Cousin de la Reine.

tes ; dont plufieurs Nérites , & deux Boutons de camifole.

10 33 Deux Limaçons à bouche doublée, deux Sabots d'efpeces différentes,une Peau de Serpent & plufieurs autres Limas: en tout 13 Coquilles.

6. 3 34 Vingt-un Limas différens. *abb. Vall*

5. 10 35 Cinquante-fix autres auffi différens.

2. 11 36 Cinquante-fix autres.

11 37 Quinze Limas ; favoir, deux très belles Peaux de Serpens , deux boutons de camifole , deux Limas fluviatiles riches en couleur , trois Nérites ; quatre Buccins de deux efpeces différentes , deux autres Limaçons.

123 38 Dix Limaçons du plus grand choix: *Damay*

5 39 Dix autres, dont une groffe Veuve dépouillée.

79 40 Un Limaçon fort rare à bouche retournée , appellée la *Lampe antique.*

11 41 Six Limas à bouche applatie , quelques-uns avec des dents , un fans dents marbré , rare. *Sinsky*

9 42 Vingt-fix Limaçons d'efpeces différentes.

24 43 Dix Limaçons , dont trois rubans , peu communs.

24 44 Trois Limaçons bouche à gauche d'efpeces différentes & très agréable. *Sinsky*

50. 1 45 Dix Buccins , dont cinq fluviatiles, *Duma*

& celui que l'on nomme l'*Aveline*.

46 Quarante-quatre Buccins, efpeces 9 . 1
différentes, & deux Dauphins.

47 Huit Bulles d'eau d'efpeces diffé- 13 . 5
rentes, & quatre jolis Buccins.

Bouchu 48 Deux Buccins, l'un nommé *la Thia-* 50
re, de quatre pouces & demi, &
l'autre *la Mitre*, de quatre pouces, elles font fuperbes pour la
couleur.

Roupel 49 Les deux mêmes Coquilles un peu 13 - 1
moins grandes.

50 Deux Idem. 10 . 5

Dumay 51 Deux autres : la Mitre porte cinq 15 . 15
pouces.

Remy 52 Huit Buccins, dont la Mitre, la 6
Thiare à petits trous, l'Ivoire, &c.

LD 53 Neuf autres Buccins. *Vai.* 3 9

Auteuil 54 Seize jolis Buccins nommés Mina- 9 . 12
rets, de différentes efpeces, prefque
tous bien confervés, ce qui eft rare
à trouver.

55 Quarante différens petits Buccins. 10 . 8

Remy 56 Six jolis petits Buccins, dont un fort 78
rare, il eft piqueté de brun fur un
fond jaunâtre.

Dumay 57 Quatre beaux Fufeaux, dont deux 28 . 7
Tours de Babel, d'un grand volume.
Ces quatre Coquilles font parfaites
dans leur efpece.

A iv

17   58 Deux beau fuseaux bien conservés ; *Ma~*
          l'un des deux a la queue repliée par   *vai~*
          un accident arrivé à la coquille.

48   59 Le Fuseau de la grande espece, long *d'in~*
          d'environ neuf pouces.

96   60 Le Fuseau à dent sans escrecence, de *Dum~*
          cinq pouces & demie de long, la tête
          & le bec sont bien conservés.

150·1 61 Deux autres petits Fuseaux à dents, * i d*
          d'une espece différente que le précé-
          dent : ils sont plus petits, & le bec est
          recourbé ; l'un a toute sa crue, &
          l'autre n'y est pas encore arrivé, aussi
          n'a t'il pas ses dents. *Var. 158.*

6   62 Deux Tours de Babel blanché, deux
          autres piquetées de noir, & quatre
          autres petits Fuseaux.

6· 3   63 Quatre Tours de Babel d'especes dif- *Sa li~*
          férentes, un Ivoire & sept autres   *ni~*
          Buccins, en tout douze Coquilles.

13   64 Treize Coquilles, qui sont un Ivoire,
          un Limas rubané, une bouche dou-
          blée, deux Cornets de St. Hubert, &
          huit Nérites différentes.

8   65 Vingt-huit Coquilles, un Bouton *Vall~*
          de Camisolle, plusieurs Nérites &
          différens Buccins.

21·1   66 Vingt autres Buccins, dont plusieurs
          sont ailées, entr'autres celui qui est
          rayé de noir & doublé de jaune peu
          commun.

Rouart 67 Douze autres ailées bien conservées, & parmi lesquelles est celui à Tête prolongée peu commun.   10 · 11

68 Deux gros Burgos, l'un avec sa robe, & l'autre dépouillé, une Veuve aussi dépouillée, un grand Buccin ailé, un autre très gros & très épais, peu commun : ces cinq Coquilles sont d'un gros volume.   23

obi de illon 69 Quatre Foudres de couleur différentes, un Tapis de Perse très bien conservé, & riche en couleur ; deux autres Buccins nommés la Tulipe.   12

70 Vingt Coquilles d'especes différentes, dont un beau Buccin gris blanc, bien conservé, & une Tête de Bécasse.   9 · 10

71 Dix ailées d'especes différentes, dont celle à bouche noire, & celle à bouche couleur de rose.   4 · 11

72 Vingt autres ailées d'especes différentes.   7

73 Un beau Tapis de Perse, une Grimace, la Gaufre, une Ailée doublée d'un rouge vif, deux Buccins à queue, deux autres Buccins, un Foudre, & deux petites Poupres : onze Coquilles.   9 · 16

insk 74 Une Grimace d'un beau volume, dont la frange est bien conservée, un   12

A v

Buccin ailé, nommé la Tourterelle ;
un autre à bouche noire, deux autres à bouches rouges, deux Bulles
d'eau d'efpeces différentes.

12 · 1075 Une autre Grimace plus petite &
bien confervée, douze ailées d'efpeces différentes auffi bien confervées,
& trois Bulles d'eau différentes.

15 · 1976 La Gauffre d'un beau volume & d'u- *Mau-*
ne belle confervation, deux belles *vais*
Buires, & deux jolis petits Cafques
différens.

7 · 1 77 Trente une Coquilles d'efpeces différentes, dont la Cordeliere.

50 · 1078 Une Cordeliere d'un très grand *Mau-*
volume, un Bois veiné, un Buc- *vais.*
cin triangulaire, celui à dents de
Chien, & une efpece d'Aigrette
blanche.

16 · 1079 Un Buccin nommé le Dragon ; une *Bou-*
belle Aigrette, & deux autres Buc- *la m*
cins différens. *que*

18 · 11 80 Un autre Dragon, un Triangulaire
& deux Foudres : ces quatre Coquilles font d'un gros volume.

25 · 181 Quatre Cafques lardés à clous, &
deux fans clous, une Aigrette, &
neuf autres Coquilles.

12 · 1 82 Cinquante Coquilles de différentes
efpeces.

Dumay 83 Neuf Limaçons d'especes différen- 12·4
tes, travaillés ou dépouillés.

84 Trente - quatre autres Coquilles, 8
dont quelques-unes dépouillées.

Dumay 85 Un très beau Burgos dépouillé, un 28·1
autre avec sa robe, une Veuve, deux
Buccins aîlés, dont un a une forme
extraordinaire : ces cinq Coquilles
sont bien conservées & d'un grand
volume.

86 Deux Gauffres, un Buccin alongé 10
d'nne riche couleur, deux Fuseaux
différens, un Radix mince, & deux
belles Nérites.

87 Un Radix papiracé, une Gauffre, 6·15
des Harpes, des Casques, &c. en
tout vingt Coquilles.

88 Deux Conques persiques, d'especes 21·1
différentes, dont une est rare, deux
Casques pavés, un troisiéme d'une
autre espece, & trois autres Coquilles, en tout huit.

au-pol 89 Deux Conques persiques, pareilles 17·1
aux deux précédentes, deux belles
Bulles d'eau de différentes especes,
deux Harpes, un Radix épais, un
Foudre & une Musique.

u may 90 Trois Couronnes d'Ethiopie, trois 30·5
Bulles d'eau, toutes trois différen-
tes, deux Casques, un Casque lardé
A vj

sans clous, & une Tonne. Dix Coquilles.

19   91 Un Bois veiné, deux Harpes d'un *Du*
          très gros volume, deux Musiques &   *May.*
          une Conque persique.

22. 1   92 Une Harpe couleur de rose, celle
          appellée *Harpa nobilis*, & deux au-
          tres d'un très beau choix.

36   93 Une autre Harpe couleur de rose,   *Du-*
          moins vive en couleur que la précé-
          dente, une autre dont les stries d'un   *May.*
          côté sont plus serrées qu'à l'ordi-
          naire, deux autres d'une riche cou-
          leur, deux plus petites de l'espece
          prolongée, une blanchâtre, & deux
          Foudres.

17. 1   94 Trois autres Harpes, deux Foudres,   *Mau-*
          un Buccin d'un très grand volume, &   *vais*
          bien conservé, & deux Musiques.

30. 12   95 Une Musique verte & cinq autres   *Du*
          différentes : ces six Coquilles sont   *May.*
          d'un beau choix.

48   96 Une Musique verte, & une couleur   *Cril-*
          de rose : ces deux Coquilles sont rares   *lon*
          & bien conservées.

30   97 Un Bois veiné & une aîlée peu com-
          mune : ces deux Coquilles sont très
          conservées & d'un gros volume.

48. 1   98 Un autre bois veiné, deux Tonnes
          d'especes différentes, une Conque
          persique polie, & un Casque.

Adin 99 Cinq Musiques, un Foudre, deux Harpes & une Turbinite d'un gros volume. 16·1

Du. 100 Quatre Musiques, un Foudre, deux
Bou Harpes, deux Casques différens, un Buccin triangulaire, & un gros Limaçon nommé bouche d'argent. 3·19

101 Vingt-cinq Coquilles d'especes différentes, dont le Buccin triangulaire. 10

102 Un Dragon, un Buccin d'un gros volume, une Grimace, quatre autres Buccins allongés, une Culotte de Suisse & une espece de Conque persique à tubercules: ces neuf Coquilles font d'un beau choix. 12·15

Dumay 103 Un Buccin nommé l'Unique, ou bouche à gauche; deux autres jolis Buccins peu communs; une Pourpre triangulaire aussi peu commune, deux figues, dont une de l'espece rare, deux Casques pavés, & un Buccin tacheté de jaune: neuf Coquilles. 36·1

104 Un petit Buccin bouche à gauche, trois autres de différentes especes bouche à droite, un autre peu commun, qui porte un bouton sur la tête & deux jolis Casques. 9·12

105 Un très beau Buccin bouche à gauche, riche en couleur, un Radix papiracé bien conservé, un Limaçon 12

bleuatre auſſi papiracé : ces trois Coquilles ſont très belles.

16 . 3 . 106 Deux très beaux Caſques, l'un appellé Caſque pavé, & l'autre fond bleu avec des bandes ondées brun clair.

21 . , 107 Deux beaux Caſques polis d'un gros volume, un plus petit de la même eſpece ſans être poli, un autre de la Méditerrannée peu commun, & quatre autres.

60 . , 108 Un Caſquetricoté, un autre à tête couronnée de tubercules : ces deux Coquilles ſont d'un gros volume & bien conſervés.

4 . 3 109 Quatre Caſques, celui que l'on nomme tricoté, celui qu'on appelle Turban, dont la bouche eſt très belle, & deux autres d'eſpeces différentes.

16 110 Deux autres de mêmes eſpeces & à tubercules : ils ſont d'un très gros volumes & fort riches en couleurs.

26 111 Un autre Caſque turban ; un plus petit de même eſpece, & une Tonne ſinguliere par les deux cordons de ſa bouche.

6 . , 112 Un autre Caſque Turban, trois autres d'eſpeces différentes, & deux jolies Tonnes.

6 . , 113 Un Radix papiracé, & ſept Caſ-

ques efpeces différentes, dont celui
que l'on nomme pavé.

114 Vingt-deux Cafques d'efpeces dif- 6 19
férentes, quatre Buccins & deux Limaçons.

115 Trois Buccins d'un gros volume, 24 19
celui que l'on nomme Culotte de
Suiffe, fa bouche eft fuperbe & il eft
bien confervé, ce qui eft fort rare à
cette Coquille quand elle eft d'un
gros volume : celui qui vient de
Cayenne, & un autre de la Méditerranée, difficile à trouver bien confervé.

116 Six petits Minarets, d'une belle 29 19
confervation, & riche en couleur,
deux jolis Papiers roulés, deux autres
petits Buccins, l'un piqueté de noir
& l'autre de rouge, deux Murex d'efpeces différentes, avec des pointes
prolongées vers la bouche, deux petits Buccins couleur orangé, un petit
Dauphin très bien confervé, & une
petite Tête de Bécaffe : en tout feize
Coquilles.

117 Deux Buccins en forme d'Oreille 36 1
de Midas, trois fauffes *Scalata*, dont
deux brunes & l'autre d'Amérique,
un petit Buccin à côtes, peu commun,
deux Rochers épineux & à dents, de

mêmes efpeces, un Murex à clous,
une jolie Nérite, &c. Dix-neuf Coquilles.

9 , 118 Un Cafque Bézoart, quatre Harpes, deux Murex à clous, une Tête
de Bécaffe, trois pattes d'Araignées,
une Porcelaine coupée & deux Pourpres différentes.

18 · 3 119 Une belle Oreille de Midas non
dépouillée,& le Buccin que l'on nomme fauffe Oreille de Midas.

81 120 Un Buccin de Cayenne, ou fauffe
Oreille de Midas, avec fon épiderme, la même Coquille dépouillée
avec une bouche finguliere, trois autres Buccins terreftres d'efpeces différentes, un autre que l'on nomme
Œil de Bouc, une bouche d'argent
épineufe, & un Cafque lardé : huit
Coquilles.

11 121 Un petit Buccin en forme d'Oreille, cinq Murex à clous de trois efpeces différentes, une Pourpre à tête
couleur de rofe,& quinze petites Porcelaines d'efpeces différentes.

10 · 19 122 Trente-quatre Coquilles d'efpeces
différentes, dont la Fripiere, l'Eperon, &c.

34 123 Une Tour de Babel, un Fufeau
blanc fans être dépouillé, une Gauf-

fre auffi avec fon épiderme, une efpece de Conque perfique, une autre
Conque nommée le *Prépuce*, une Mu-
fique, un Sabot, quatre Papiers roulés, un Buccin très épais, peu commun, &c. feize Coquilles.

124 Deux très grands Buccins du genre   *20*
de ceux qui ont la bouche à gauche.

125 Un Buccin nommé l'Afne rayé,   *31*
deux autres Buccins de Cayenne,
tous trois d'un gros volume & deux
Conques polies.

126 Deux Tonnes d'efpeces différen-   *24 . 1*
tes, dont celle marbrée, elles font
d'un beau volume ; deux petites Cou-
rones d'Ethiopie, une autre Conque
nommée le *Prépuce*, & un Burgos dépouillé.

127 Une Couronne d'Ethiopie, deux   *40 . 1*
Tonnes différentes & une Taffe de
Neptune : ces quatre Coquille font
d'un très grand volume & bien confervées.

128 Une autre Couronne d'Ethiopie   *25*
d'un très grand volume, deux autres
Conques, toutes deux d'efpeces différentes, une des deux eft polie : ces
trois Coquilles font fort belles.

129 Une autre Conque de treize pouces   *31 . 17*
de longueur : ce volume eft prodi-

gieux, ce qui lui a fait donner le nom
de Char de Neptune.

130 Une très grosse Tonne cannelée,
bien conservée, & une Pourpre blanche d'un gros volume.

131 Deux mêmes Coquilles que le Numéro précédent.

132 Une Pourpre d'un grand volume,
bien conservée.

133 Cinq belle Pourpres, à feuillages,
dont la Brulée & deux autres d'Amérique.

134 Trois belles Pourpres à feuillages,
dont deux couleur de Lilas : ces trois
Coquilles font très agréables & peu
communes.

135 Dix jolies Coquilles de choix, deux
Tonnes rubannées couleur de rose,
de blanc & de noir, une belle Né-
ritte, un Murex à grandes pointes,
un autre à clous & à bouche couleur
de rose, &c.

136 Un Cadran, six Limaçons différens, Un Buccin Fluviatil, &c. en
tout quinze Coquilles.

137 Trente-trois Coquilles d'espèces
différentes, dont un Buccin Fluviatil,
deux Oreilles sans troux, &c.

138 Vingt-trois Coquilles, dont une
belle Culotte de Suisse, plusieurs

Limaçons, une Aîlée, & un Eperon
d'un gros volume.

139 Trente-huit Coquilles d'un petit   12 . 2
volume, mais d'un joli choix, dont
un petit Nautille dépouillé, une
Couronne d'Ethiopie, un Prépuce,
deux Cadrans, plusieurs Pourpres, &c.

140 Une Musique, un Foudre, plu-   6
sieurs Thiares de différentes especes,
& différentes autres Coquilles : en
tout 23.

141 Quatre Conques d'especes diffé-   6
rentes, plusieurs Casques & Buccins.
29 Coquilles.

142 Deux Buccins de la Méditerranée,   6
une Pourpre, une Mere-perle & deux
Oreilles de l'Inde : six grosses Coquilles.

143 Deux Buccins ou Conques de Tri-   26 . 1
ton, riches en couleur & d'un très
gros volume.

144 Douze Buccins, dont celui à gran-   15 . 1
des pointes.

145 Neuf Pourpres, une espece de   6 . 12
Fuseau, une belle Tonne, une jolie
Conque de Triton bien marbrée,
deux Musiques, &c. en tout vingt-
deux Coquilles.

146 Une très belle Bécasse épineuse de   134 . 1
la grande espece, ses pointes sont

très longues & bien conservées, elle a six pouces de longueur : cette Coquille est fort rare.

Mauve

51 · 1 147 Une autre Bécasse, aussi de la grande espece, mais différente, peu garnie de pointes, deux autres plus petites, & une Pourpre triangulaire.

Dumay

96 148 Une Massue d'Hercule de la très grande espece, une de la petite & trois Pourpres d'especes différentes, vives en couleur.

iD

18 149 Deux Pattes de Crapauds, l'une brune & l'autre blanche, deux autres pourpres, la Chicorée brûlée & triangulaire, une Becasse de la petite espece, &c. 8 Coquilles.

Nanteuil

31 · 19 150 Une Patte de Crapaud brune, sept autres Pourpres, especes différentes, toutes de choix, & une grande Dentale.

Crillon

12 · 2 151 Une Tête de Becasse, huit Pourpres différentes, deux Araignées & un Mille-pattes, de riche couleur.

11 · 1 152 Une autre Tête de Becasse, & onze autres pourpres.

Crillon

12 153 Des Pourpres, des Aîlées, une Massue d'Hercule de la grande espece, &c. 25 Coquilles.

Remy

13 154 Un Scorpion, que l'on nomme mâle, & un Mille-pieds.

155 Un autre Scorpion que l'on nomme femelle, & un Mille-pieds : ces
deux Coquilles font très bien confervées, & riches en couleur.

27. 10

156 Un Telefcope d'un grand volume
riche en couleur.

8. 2

157 Un autre plus petit très bien confervé, & deux Vis d'efpeces différentes. Cet article eft intéreffant.

14

De Crillon

158 Trois autres Vis d'efpeces différentes riches en couleurs : ces trois
Coquilles font d'un volume prodigieux, & fort rares à trouver, en
même tems auffi bien confervées.

40

Mawy.

159 Une autre Vis auffi d'un grand volume, une Chenille de la grande
efpece, deux autres plus petites d'efpeces différentes, & la Buire que l'on
a fciée pour en faire voir la fpirale.

10. 1

Trouart

160 Neuf Vis d'efpeces différentes,
toutes bien confervées & vives en
couleurs.

10

161 Une groffe Vis de preffoir ; & 12
autres plus petites, d'efpeces différentes.

8. 10

Lacionien

162 Quatre Buires d'efpeces différentes, quatre Chenilles auffi d'efpeces
différentes, dix Vis & deux Papiers
roulés.

13. 4

Duchay

163 Des Vis; des Chenilles différen.

7

res, deux Bulles d'eau, un *Osca-brium*, des Oreilles, un Foudre. 31 Coquilles.

41

164 Un *Concho-Lépas*, cette coquille est rare ; le Bouclier & un Lépas couleur de rose. Ces trois Coquilles sont d'un petit volume, mais bien conservées & riches en couleur.

28 - 1

Dumay

165 Un grand Lépas très applati, blanc par-dessus, jaune en-dessous, peu commun ; un autre couleur de rose bien marbré & de la couleur la plus vive : ces deux Coquilles sont précieuses.

20

166 Quatre Lépas : le Bouclier, deux à tête relevée orientale, un couleur de rose.

8 . 2

Gruel

167 Cinq autres Lépas ; deux Boucliers, deux que l'on nomme Œil de Bouc, & un couleur de rose.

30 . 1

Dumay

168 Six grands Lépas, dont celui en bâteau.

24

Crillon

169 Six autres pareilles au n°. précédent.

12 . 1

Sinsky

170 Dix Lépas, dont celui que l'on nomme Bonnet de Dragon d'un grand volume, & d'une très belle couleur de chaire, &c. Cet article est très joli.

8 . 2

Crillon

171 Vingt-huit Lépas d'especes différentes.

172 Treize Lépas différens , dont le ~~5 . 1~~
Bonnet de Dragon.

173 Un Lépas plat, trois en cabochon, *40 . 1*
six chambrés ; un autre long , verdâtre , très rare , celui en étoile , un *Mauvé*
Oscabrium , &c. 37 Coquilles.

174 Quatre *Oscabrium* de deux espe- *4 . 1*
ces ; vingt-six petits Lépas , dont
quelques uns peu communs , & celui que l'on appelle Bonnet de Dragon , attaché sur un morceau de Pin-
ne marine : en tout 31 morceaux.

174 *bis*. Neuf Oreilles, dont deux orien- *18 . 1*
tales , & deux avec des accidens ,
fort singuliers dans l'intérieur , trois *Mauvé*
Oreilles sans trous , & six Lépas
différens.

175 Vingt Opercules d'especes diffé- *3*
rentes. *Var. J.* *Linsky.*

176 Un *Oscabrium* , un gros *Opercu-* *7 . 10*
lum , deux autres ronds minces , &
plusieurs autres : en tout 30. *Var. J.* *Dumas.*

177 Quinze Opercules, dont quatorze *24*
petites, une grande très mince, trans-
parente , peu commune ; un autre *Remy.*
Objet de matiere osseuse , composé
de quatre pieces liées ensemble par
une espece de membrane ; deux autres Morceaux aussi matieres osseu-
ses qui paroissent se rapprocher du

dernier Objet, avec cependant quelques différences. Nous ne connoiſſons point ces derniers Objets.

41. 1 178 Une Navette d'un petit volume,
d'une forme différente des autres,
Dumny elle eſt couleur de roſe, cette Coquille eſt peu commune.

26. 1 179 Treize Porcelaines, dont la véritable Arlequine, & la fauſſe.

6. 10 180 Huit autres Porcelaines, dont l'Œuf, la Géographie & l'Argus.

9. 1 181 Dix autres *Idem.*

8. 10 182 Treize autres, dont l'Œuf, deux Argus, le Crapaud.

13. 10 183 Neuf autres d'un gros volume, dont un Argus, l'Œuf, deux Crapauds.

30 184 Deux Porcelaines d'un très gros volume, dont une jaſpée peu commune.

31. 3 185 Six autres auſſi d'un très gros volume, dont le Lievre.

4. 12 186 Dix autres groſſes Porcelaines, dont deux dépouillées, l'une blanche & l'autre violette.

10. 12 187 Vingts quatre autres d'eſpeces différentes.

4. 12 188 Cinquante autres.

4 189 Quatre - vingt différentes petites *Brulé* Porcelaines.

190 Soixante six petites Porceláines, dont plusieurs jolies ; & deux petits Tas de Monnoyes de Guiné. *7* *Dumay.*

191 Quarante-cinq autres jolies petites Porcelaines. *4. 1* *abbé Vallé*

192 Quatorze Olives dont celle décrite dans le Supplément de M. d'Argenville, Planche deuxieme, Lettre A, & qui forme à ce qu'il dit, une espece d'Ecriture Chinoise. *15*

193 Douze autres Olives, dont deux de Panama, une à bouche doublée de rouge, & une jaune dessus : ces deux dernieres sont peu communes. *24. 2* *Boucher*

194 Quinze autres, dont celle de Panama, celle à bouche doublée de rouge, & deux autres d'un grand volume. *16. 5* *Dumay.*

195 Une Olive de Panama, une autre brune, en tout vingt-une. *6. 6*

196 Une autre Olive de Panama, deux brunes : en tout vingt-six. *7. 8*

197 Vingt autres Olives, dont une d'une espece peu commune. *6* *Bernoully*

198 Vingt-trois autres. *8. 7*

199 l'Amiral, d'un grand volume, riche en couleur, bien conservé. *53. 3* *Remy*

200 Un autre plus petit, à deux bandes bien distinguées, il est aussi très bien conservé. *37. 10* *Mauvé*

B

12. 1 201 Deux Vice-Amiraux de Rumphius, une petite Aile de Papillon vive en couleur, & un autre Cornet fond rouge, avec une bande peu marqué, que l'on nomme Amiral d'Angleterre.

21

Dumay.

202 Le même Cornet que le dernier de l'Article précédent, d'un très grand volume, & une Aile de Papillon.

54. 5

Remy.

203 Un autre Cornet gravé dans le Supplément de M. d'Argenville, planche premiere, Lettre Q, & qu'il appelle l'Amiral de Guinée.

55 204 Un grand Cornet nommé l'*Esplandium* : il est d'un grand volume, & la bouche est bien conservée.

14. 1 205 Deux autres Cornets peu commun, & l'Amadis bien conservé.

60

Crillon

206 Une Tine de Beurre, d'un volume prodigieux, & très riche en couleur, cette Coquille est superbe.

16 207 Une autre d'un volume moins considérable, & un autre Cornet d'un très grand volume pour son espece, nommé la Spéculation.

18 208 Quatre Cornets d'un gros volume ; savoir, le Drap d'or de la Chine, un Drap d'or ordinaire, une Brunette, un Taffetas.

36

Roupel.

209 Six Cornets aussi d'un gros volu-

me, qui font le Tigre, la Brunette, le Damier, l'Ecorchée, le Taffetas & un autre jaune.

210 Une Amadis, un Tigre à bandes jaunes, une Couronne Impériale : ces trois Coquilles font bien confervées. *24*

211 Le Cierge, ou l'Onix, deux Damiers, l'un noir, & l'autre jaunâtre; l'Ecorchée, & un Taffetas. *15 Crouart*

212 Le Cierge, le Drap d'or, deux Ecorchées, deux Tigres d'efpeces différentes, & un Taffetas. *16·2 Dumay*

213 Huit Cornets, dont la Couronne Impériale, une Brunette, un Tigre à bandes jaunes. *10·2 Gruel*

214 Douze autres bien confervés, dont l'Omelette. *17*

215 Un Drap d'or à fond bleu, un Drap d'argent, deux Minimes, une Flamboyante, & fept autres Cornets. *15 Dumay*

216 Douze autres d'efpeces différentes. *19·1*

217 Douze autres. *19·1*

218 Douze autres, *idem.* *12*

219 Un très beau Drap d'or, une Brunette riche en couleur, & un Cierge : ces trois Coquilles font d'un très gros volume & bien confervées. *90·1 Mauvl*

220 Neuf Coquilles, dont le Navet, *13·1*

le Drap d'or, & celui que l'on appelle Amiral d'Angleterre.

14·15221 Neuf autres Coquilles, dont une Aîle de Papillon, un joli Drap d'argent.

24·2222 Deux beaux Draps d'or d'especes différentes, un Cierge jaunâtre, un Tigre, deux Cornets blancs dépouillés, une Tine de beurre, & un très beau Cornet, nommé la Spéculation.

Dumay.

63·6223 Un très beau Drap d'or fond bleu, une espece de Minime aussi bleuâtre, peu commune, deux Piquures de Mouches, & trois autres Cornets d'especes différentes.

D.

12·3224 Un beau Cornet riche en couleur, nommé la Fausse Aîle de Papillon, un Flamboyante, une Minime, deux Aumuces, & quatre autres Cornets, dont deux sont avec leur épiderme.

9·16225 Douze Cornets, dont deux Draps d'or, deux Brunettes.

5·4226 Vingt-six Cornets d'especes différentes, dont une petite Aîle de Papillon.

8·19227 Douze Cornets, dont plusieurs Draps d'or.

8   228 Vingt-trois Cornets différens, dont

un petit Damier, plusieurs petites
Brunettes, &c.

229 La Piquure de mouche, un Tigre,
& dix-huit autres Cornets différens.

7. 4 var. 13
Richard(1)

230 Quinze jolis Cornets, dont quatre dépouillés & d'une belle couleur.

13 . 10

231 Une très belle Spéculation, une
Brunette, un Tigre à bandes jaunes,
un Damier, un Drap d'or fond bleu,
un Spectre & une autre Coquille
d'un dessein à-peu-près de même avec
son épiderme : ces sept Rouleaux
sont riches en couleur & d'une belle
conservation.

12 . 10

Gruel.

232 Deux petites Minimes, un Drap
d'or piqueté de la Chine, une belle
Flamboyante, deux Couronnes Im-
périales, deux Tigres à bandes jaunes, & sept autres jolis Cornets.

7 . 7

233 Dix jolis Cornets de choix, dont
quelques - uns sont peu communs,
tels que l'Amadis, une très belle fausse
Aîle de Papillon, deux Flamboyan-
tes, &c.

9
Gruel

234 Quinze Cornets d'un petit volume,
parmi lesquels il y en a quelques-uns
très jolis.

51 . 6
Nantouil

235 Onze Cornets, tous de choix, entr'autres une Piquure de mouche
jaune, une belle Flamboyante, les

39 . 5

B iij

Nuées, & un autre Cornet canelé.

24 . 1 236 Douze autres Cornets. aussi de
choix & bien conservés, entr'autres

Remy deux Piquûres de mouches, l'une
jaune & l'autre noire, un Cornet
jaune à bandes & la tête prolongée,
peu commun.

13 . 4 237 Vingt-un Cornets, dont un beau
Drap d'or à fond bleu, un autre pi-

Lemagnen queté de la Chine, celui à réseau,
& quelques autres peu communs.

6 238 Vingt - cinq Coquilles d'especes
différentes, dont la Muscade, la Mu-

La Cronière sique, un Foudre, & plusieurs Cornets.

60 . 1 239 Une très belle Coquille d'un gros
volume, dont la forme approche de

Dumay celle que l'on appelle Couronne d'E-
thiopie marbrée : mais celle-ci n'a
point de Couronne, l'espece en est
rare ; elle est bien conservée.

13 . 14 240 Un Casque d'un volume prodigieux, deux Buccins aîlés de la très
grande espece ; l'un des deux est
bien conservé & riche en couleur.

12 . 19 241 Vingt Buccins d'especes différentes, dont quelques - uns peu com-
muns; entr'autres la Mitre de la rare
espece, la Bouche de lait, &c.

6 . 11 242 Dix-sept Buccins especes différen-

Vallet

tes, dont plusieurs du genre des Fuseaux, une Bouche de lait, &c.

243 Douze Minarets différens, tous bien   6. 1
conservés.

244 Un Cœur, dont l'espece est fort   80. 1
rare à trouver bivalve; on le nom-
me *Concha exotica*, celui-ci est très   *Crillon*
bien conservé, & tient encore à sa
charniere.

245 La même Coquille plus grosse,   4. 11
une très belle Fraise à pointes rouges; & deux autres Cœurs.

246 Une autre *Concha exotica*, une   6. 19
Fraise, & quatre autres Cœurs, dont   *Lacromieu*
un en forme d'Arche de Noé.

247 Deux très belles Cames d'un grand   12. 2
volume; l'une de Saint Domingue
striée, & l'autre du Canada, d'un très
beau violet.

248 Huit Cames d'especes différentes,   4. 5
dont celle Tuilée.

249 Une Corbeille d'un très gros vo-   27. 1
lume, bien conservée.

250 Un Cœur de Venus piqueté de
couleur de rose, une Came striée   24
très épaisse, une autre unie blanche;   *Gruel*
deux autres de même espece, l'une
blanche, l'autre jaune.

251 Un autre Cœur couleur de rose;   24. 5
B iv   *Remy*

un fecond blanc, & deux Cames très belles, dont la *Cedo nulli*.

36
Mauvé

252 Un Cœur de Venus d'un grand volume, dont les deux parties font féparées & montées fur deux petits pieds de bois noirci, un fecond d'une forme finguliere, par les accidens qui lui font arrivés, & un Cœur en Souflet.

17. 3
Trouart

253 Deux Ecritures Chinoifes, d'efpeces différentes, une autre Came ftriée, peu communes, & un Cœur poli couleur de Citron.

8 · 13

254 Une Ecriture Chinoife, deux autres Cames différentes, un *Concha Veneris*, un Peigne blanc, nommé la Rape, & trois autre Cames.

18 · 1
Dumay

255 Un Cœur à cannelures tuilées, recouvert d'œufs d'une efpece de Pourpre, des grandes Indes : cette Coquille eft de la plus grande rareté.

39 · 1
Mauvé

256 Un Cœur tuilé vif en couleur: cette Coquille eft difficile à trouver bien confervée, une très belle Came, nommée *Cedo nulli*.

12· 19

257 Trois Cames de St. Domingue, toutes trois de même efpece, & très vives en couleurs, l'une eft ftriée doublée de jaune & de rouge, les deux autres font polies, l'une rouge

& l'autre jaune ; un Cœur blanc en forme d'Arche de Noé, & une belle Gourgandine fans être dépouillée.

258 Une Arche de Noé marbrée, une autre blanche, peu commune, deux Tellines peu communes & riches en couleurs, deux autres d'efpeces différentes.　　　5 . 4

259 Douze Cames de différentes efpe-ces.　　　8 . 2

260 Un *Concha Veneris* épineux, un autre poli fans épines, un Cœur blanc en forme d'Arche de Noé, un Cœur de Pigeon, un en Souflet, trois Cames coupées.　　　15 . 4　　*La Cronine*

261 Une très belle Came coupée de St Domingue, elle eft bien confervée & à fes Appendices, ce qui eft fort raare à trouver.　　　80　　*Crillon*

262 Deux *Concha Veneris*, l'un épi-neux, l'autre poli fans épines, deux Gourgandines de couleurs différen-tés, un Cœur en forme d'Arche de Noé, & deux vieilles ridées.　　　20 . 10　　*Dumay*　　*var. 26.*

263 Une Came coupée en bec de Flûte, une Arche de Noé, & quatre autres Cames différentes.　　　10 . 10

264 Une Ecriture Chinoife d'efpece rare, une Râpe & une Lime, deux　　　12 . 2

Cames dont le travail eſt en zigzag,
& cinq autres Cames.

29 · 19 265 Deux très belles Cames, dont une
canelée d'un grand volume, l'autre
de Canada, fort riche en couleur,
une Pholade.

23 266 Une très belle Ecriture Chinoiſe,
par le deſſein qui ſe trouve ſur ſes
bords, une Came doublée d'un beau
jaune, deux autres blanches bien
conſervées, un petit Cœur épineux
ſur les bords, & une Tête d'Arroſoir
fort ſinguliere par l'accident qui eſt
deſſus.

4 · 2 267 Seize Cœurs d'eſpeces différentes,
dont celui voluté.

4 · 6 268 Douze Coquilles, tant Cœurs que
Cames.

12 269 Dix autres Cœurs d'eſpeces différentes, riches en couleurs.

3 · 1 270 Quarante-ſix Coquilles, tant Cœurs
que Cames.

10 · 1 271 Une Arche de Noé, deux Gourgandines de couleurs différentes, &
ſix autres Cames riches en couleurs.

30 272 Un très joli Cœur épineux de la
Linsky Méditerranée, & une Moule bail-
lante, nommée la Lanterne.

3 · 1 273 Trente ſix Coquilles différentes,
toutes bivalves.

274 Un *Concha-Veneris* fans épines, nommé la Lévantine, cette Coquille eft peu commune ; deux Gourgandines de couleurs différentes, deux Cœurs en forme d'Arche de Noé du Sénégal, peu communs, & fept autres cames.

6. 1

Tronart

275 Une Gourgandine, une Came arborifée, très belle, une Telline en zigzag, & huit autres Coquilles, toutes de choix.

11. 5

276 Un efpece de Cœur tuilé, peu commun, deux Moules baillantes, deux autres fermées, deux différentes Gourgandines, & deux autres Cœuts : trois Coquilles.

40. 1

Remy

277 Deux Peignes fans oreilles, l'un noir & l'autre jaune, ces Coquilles font peu communes ; la Rape, une Telline avec des rayons couleur de rofe, chagrinée, & cinq autres Bivalves.

25. 1

Dumay.

278 Deux Tellines rayonnées couleur de rofe foncée, que l'on nomme Soleil Levant, & trois autres d'efpeces différentes, vives en couleurs.

8. 12

279 Quatre autres, dont la Langue de Serpent d'un très beau jaune aurore & bien confervée.

10. 15

280 Neuf autres, dont la Langue de

20. 2

Tronart

B vj

Serpent, plus petite que la précédente.

7 . 5 281 Douze autres, dont plusieurs sont polies, & une Came arborisée.

4 . 3 282 Vingt-deux autres & une Came
Le Magnien arborisée.

20 . 10 282 * Deux Tellines de Cayenne, d'un très grand volume, cette Coquille
Dumay est peu commune.

12 283 Cinquante-une Bivalves, dont une petite Solle, & deux différentes Rapes.

42 284 Un très beau Chou d'un grand volume, & vif en couleur, & une grande Tuilée.

18 285 Les deux mêmes Coquilles.

5 . 1 286 Un Choux d'un volume prodigieux.

20 . 3 287 Une Tuilée bien conservée, couleur de rose & jaune, un petit Chou
Crillon vif en couleurs.

34 288 Les deux mêmes Coquilles aussi très bien conservées, avec une Gour-
Dumay gandine & une petite Came en point d'Hongrie.

36 289 Le Bec de Perroquet, cette Coquille qui est fort rare, est bien con-
15 servée, on ne la connoît pas dans les Cabinets de Hollande, & il y en a très peu à Paris.

290 Deux Choux d'un petit volume, très riches en couleur, une jolie Corbeille, deux Feuilles & une Huître de la Chine, que l'on appelle Cornet d'Abondance.

41

Dumay

291 Sept Cœurs d'efpeces différentes, & une très petite Coquille d'une ftructure finguliere.

9 . 1

de Bandeville

292 Deux très petits Choux, trois petites Thailées, trois petits Cœurs, deux Arches de Noé, & trois petits Manteaux, dont un Ducal.

31

Nanteuil

293 Huit petites Cafes qui renferment différentes efpeces de *Concha Anomia*, & au milieu une très groffe Anomie, ou Térébratule, que l'on nomme Coq & Poule.

24 . 1

Crouart

294 Quatre Peignes différens ; favoir, le Benitier blanc, peu commun, deux Peignes de la Méditerranée, l'un jaune & l'autre pourpre., que l'on nomme la Bourfe, le quatrieme vient des Mers du Nord.

75 . 15

Remy

295 Quatres Peignes : la Coraline vive en couleur, un Benitier, celui du Nord, & un petit de St. Domingue.

43 . 1

296 Quatre autres, pareilles aux précédentes.

40 . 3

Nanteuil

297 Cinq autres Peignes, dont la Coralline, & un Manteau Ducal.

30 . 1

Du May.

24 . 22 298 Sept autres Peignes de choix, dont
un beau Manteau Ducal.

37 . 19 299 Sept autres Peignes de choix, dont
un Manteau Ducal, un Peigne de
la Chine, & le Bénitier.

Mauvé.

24 300 Un Manteau Ducal d'un grand volume, & six autres Peignes de couleurs différentes.

Magnon

40 301 Un autre Manteau Ducal, plus
petit, & huit jolis Peignes de choix.

Marie

14 . 19 302 Cinquante trois Peignes différens,
tous bivalves.

12 . 1 303 Une belle Solle bien conservée,
& deux Pintades d'especes différentes.

Sauvage

24 . 1 304 Une Huître polie, que l'on appelle
la Cuisse, deux Feuilles & deux Moules nommées l'Oiseau.

6 . 4 305 Deux grandes Peintades, l'une dépouillée & l'autre avec son épiderme,
une troisieme plus petite, l'Oiseau
aussi dépouillé, & deux autres petites
Huîtres.

11 . 5 306 Deux grandes Huîtres, que l'on
nomme Vitres de la Chine, six Pelures d'Oignons, deux Pintades, l'Oiseau, & une petite Huître.

15 . 1 307 Une Selle Polonoise, riche en couleur & bien conservée.

74 . 1 308 Une Huître appellée *Rastellum*,

Mauvé

ou Griffite, elle eft d'un gros volume
& attachée à un Caillou.

309 Une autre Griffite, & une Crête   50. 11
de Coq. *var.* 34   Mauv.

310 Une Crête de Coq, d'un grand   80. 1
volume, belle en couleur ; une jolie
Feuille, & une Huître de la Chine.

311 Deux Crêtes de Coq, grouppées   21. 1
l'une fur l'autre, une autre plus petite, une Huître de la Chine, &   Mauvé
deux autres Huîtres.

312 Un Marteau, dont les bras ont fix   150. 10
pouces de longueur, fa queue a une
forme finguliere, par fa courbure ; il   Du may.
eft bien confervé.

313 Une Coquille fort rare, nommée   193. 14
Oftreum tortuofum, ou la Biftournée,
en Hollande le Devidoir. Cette Co-   *id.*
quille eft très bien confervée, & d'un
grand volume pour fon efpece.

314 Un Groupe d'Huîtres épineufes   40. 1
des Indes Orientales, une couleur
d'orange, deux autres grifes, & deux   Mauvé
Grifites attachées l'une fur l'autre ; le
tout tient à un caillou.

315 Une autre Groupe, formé de trois   36. 1
Huîtres épineufes des Indes Orientales, que l'on nomme Gâteau feuil-   *id.*
leté : cette efpece eft peu commune ;
& une très belle Huître couleur d'o-

range, auffi des Indes Orientales.

316 Deux autres jolis Gâteaux feuilletés de la même efpèce que le Groupe de l'article précédent, & une belle
Huître pourpre des Indes Orientales.

45.2

Nanteuil

317 Un Gâteau feuilleté, deux autres
Huîtres épineufes couleur de lilas,
groupées toutes deux féparément fur
un caillou. Ces trois Huîtres font des
Indes Orientales.

10.4

id.

318 Deux Huîtres épineufes des Indes
Orientales, & un fort joli Groupe de
deux Huîtres feuilletées de St. Domingue, une eft jonquille & l'autre
lilas.

29.19

Dumay

319 Une Huître épineufe des Indes
Orientales, deux autres de S. Domingue, & deux de Malte.

9

320 Trois Huîtres épineufes fort riches
en épines & d'un beau choix; favoir,
deux de Saint Domingue & une de
Malte.

23.10

Dumay

321 Un très joli Groupe, compofé de
cinq Huîtres feuilletées de St. Domingue, elles font de différentes couleurs; une autre Huître épineufe de
St. Domingue, deux de Malte, &
un Maron blanc épineux.

34

322 Deux très belles Huîtres épineufes; l'une de St. Domingue, & l'au-

30

Pajot.

tre de Malte, & deux Marons épineux blancs, dont un eſt groupé ſur une Came.

323 Deux Huîtres épineuſes, riches en couleurs, & dont les pointes ſont bien conſervées, l'une de Saint Domingue & l'autre de Malte, un Maron blanc épineux.   *16. 10*

Roupel

324 Trois autres Huîtres épineuſes de St. Domingue ; dont deux groupées ſur un Madrépore ; une Huître épineuſe de Malte, & un Maron épineux couleur de roſe, groupé ſur une Came.   *30. 12*

Dumay.

325 Trois autres Huîtres épineuſes, une de St. Domingue & deux de Malte, deux petits Gâteaux feuilletés.   *6. 16*

Remy.

326 Cinq autres Huîtres épineuſes, deux de Saint Domingue & trois de Malte.   *34*

Bouchü

327 Cinq Huîtres épineuſes de Malte, dont une d'un volume prodigieux, chargée de tubulaires ; une autre plus petite garnie de gros vermiſſeaux ; une troiſieme garnie de glands de mer ; une quatrieme adhérente à des Madrépores.   *30*

Mauvé

328 Cinq autres auſſi de Malte, parmi leſquelles il y a deux Groupes & un Buccin chargé de tubulaires.   *5*

18.19 329 Quatre autres de Malte, dont deux Groupes ; un des deux eſt adhérent ſur un Madrépore.

6.9 330 Quatre autres, dont deux ſont adhérentes ſur des pierres.

18 331 Six autres, dont quatre ſont adhérentes à des madrépores & à des pierres garnies de dattes.

10-12 332 Une autre Huître épineuſe de Malte, garnie de tubulaires ; un Groupe d'Huîtres de la Méditerranée, adhérentes à une éponge, & chargées auſſi de tubulaires ; un autre Groupe de deux Huîtres non épineuſes.

8 333 Sept Huîtres de Saint Domingue, trois de Malte, & un petit Maron épineux blanc.

18.19 334 Un très beau Bouquet formé de différentes Huîtres feuilletées de St. Domingue : ces Huîtres ſont groupées ſur un morceau de corail oculé, & par leur couleur elles forment un coup-d'œil agréable.

15.5 335 Un petit Groupe de deux Gâteaux feuilletés de St. Domingue, placés ſur un corail oculé ; une Huître épineuſe ſur un corail de la même eſpece, un Maron épineux blanc auſſi ſur un morceau de corail ; trois autres Huîtres, une blanche, une rouge

& une violette ; deux petits Buccins
chargés chacun d'un madrépore.

336 Un petit Gâteau feuilleté de l'Inde   *16 - 1*
vif en couleur, deux petits Buccins
différens, couverts de madrépores,
cinq Groupes de pelures d'oignon.

337 Une Boîte compofée de différen-   *4*
tes Coquilles groupées les unes fur
les autres.

338 Un beau Groupe de glands de   *30*
mer ; il eft d'un très gros volume, &
fes couleurs font de la plus grande
vivacité.

339 Un joli Groupe de Pouffe-pieds,   *15*
& deux autres de Glands de mer de   *Gruel*
différentes efpeces.

340 Un très gros Gland de mer qui   *72 · 1*
s'attache ordinairement fur la tortue,
deux autres Glands groupés fur une   *Mauvé*
efpece de feuille ; deux petits Groupes épineux fur un Pouffe-pied ; deux
autres Groupes, un fur un Pouffe-
pied ; & l'autre fur un gros Buccin ;
un très petit Gland mince.

341 Une Boîte remplie de différens   *6 · 10*
groupes de Glands, dont un eft d'un
très gros volume peu commun ; deux   *Le Magnæ*
Huîtres épineufes des Indes non bivalves.

342 Sept Cœurs d'efpeces différentes,   *7 · 7*

deux Buccins, une Huître garnié de corail rouge; trois autres Morceaux, fur deux defquels font deux Litophites longs, noirs, menus en formes de crin.

36 — 343 Une très belle Majellanne, & une autre Moule d'Alger : ces deux Moules font polies & riches en couleurs.

42 — 344 Deux autres pareilles.

9 — 345 Cinq Moules d'efpeces différentes, *Mondon* toutes vives en couleurs.

13 — 346 Six autres Moules, dont une très belle de Marfeille, & celle arborifée de Saint Domingue.

55 — 347 Deux Moules violettes, dont une *Mauve* peu commune, l'autre rayonnée de blanc, une troifieme brune, une quatrieme recourbée.

30 — 348 Les deux mêmes Moules violettes que celles du n°. précédent : deux autres brunes, & une bleue de la Méditerranée, polie.

8 — 10 — 349 Cinq autres Moules, dont celle arborifée de St. Domingue, les qua- *Vali* tres autres de la Méditerranée peu communes.

10 — 7 — 350 Sept Moules d'efpeces différentes; dont celle des Mers du Nord, deux Dattes.

8 — 351 Trente-quatre Moules différentes.

352 Seize Coquilles différentes, dont
une petite Folade avec toutes ses
pieces, & deux Moules arborisées   11 · 1
de Saint Domingue.

353 Quatre Jambons ou Pinnes ma-
rines, dont deux papiracés peu com-   13 : 11
muns.   *Maur*

354 Six autres d'especes différentes,   49 · 1
dont un est garni de son *bissus*.   · 2

355 Deux grands Oursins, dont un plat
percé de six trous : cette espece est   9
peu commune, & il est fort rare d'y
trouver les petits poils qu'il a encore.

356 Quatre, dont un garni de ses poin-   8
tes.

357 Six Oursins différens, dont le Pied
de Poulain, & un dont on ne con-   5 · 1
noît pas trop la nature.

358 Six Oursins, dont trois d'un gros
volume, deux d'especes différentes   7 · 16
avec leurs pointes, & un que l'on
nomme le Pied de Poulain.

359 Trois plats & percés, trois Pieds
de Poulains, celui que l'on nomme   19 · 4
l'Artichaut du Cap de Bonne Espé-
rance, & un Morceau d'Oursin sur
lequel est une Astroïte : en tout douze
pieces.

360 Dix-sept Oursins d'especes diffé-   12

Sauvage

rentes, dont trois avec leurs pointes.

361 Trente-deux Ourfins différens,
dont plufieurs petits, & quatre avec
leurs pointes.

12

Bernouilly.

362 Un très gros Ourfin de la Méditerranée fans pointes, renfermé fous
un bocal de criftal, pofé fur un pied
de bois noirci.

15. 1

Sauvage

363 Un autre auffi de la Méditerranée
garni de fes pointes & monté comme le précédent.

12. 1

364 Deux autres Ourfins, dont un garni de fes pointes, & l'autre fans pointes, tous deux renfermés fous des
verres.

48. 1

Mauve

365 Un Ourfin à grands bâtons de la
Méditerranée ; il eft très bien confervé & monté fous une cloche de
criftal, & fupporté fur un pied de
bois noirci dont le fond eft garni
d'une glace.

46. 1

366 Un très grand Ourfin plat de l'A-
mérique ; peu commun ; il eft enfermé dans une cafe de verre.

54. 3

Mauve

367 Le même Ourfin fans être monté,
& un autre du Cap de Bonne-Efpé-
rance, que l'on nomme l'Artichau ;
il eft enfermé fous verre.

30. 3

368 Une très belle Tête de Médufe,

81

Dumay.

des Mers du Nord, d'un grand volume, & d'autant mieux confervée
qu'elle eft enfermée avec foin fous
uue cloche de criftal, fupportée fur
un pied de bois noir dont le fond
eft garni d'une glace étamée.

369 Une Etoile de Mer de la grande *116. 2*
espece, & qui a trente-fept rayons, *Roupel*
elle eft auffi très bien confervée fous
une cloche de criftal, dont le pied
eft en cuivre & le fond garni de
glace.

370 Trois Etoiles, dont une a douze *30*
rayons, les deux autres cinq : ces
trois Pieces font peu communes.

371 Une très grande Etoile à cinq *10*
rayons renfermée dans fa caze de
verre; trois autres auffi à 5 rayons *Le Magnen*
renfermées dans une autre caze.

372 Une autre Caze de verre quarrée *35. 2*
renfermant fix Etoiles, dont une à
neuf rayons; les cinq autres à cinq,
& font d'efpeces différentes.

373 Une autre Caze, pareille gran- *39. 2*
deur, renfermant dix Etoiles, dont *Mauve*
une très grande à cinq rayons, les
autres varient dans leurs rayons.

374 Une Caze de verre arrangée & *632. 19*
fermée avec foin, cette Caze con- *Dumey*

tient un objet de la hauteur environ de dix-sept pouces, & que Madame Dubois-Jourdain avoit nommé le *Palmier Marin*, parce qu'en effet il reſſemble aſſez à un Palmier.

Nous n'avons vu ce morceau dans aucun Cabinet ni en France ni en Hollande : nous ne connoiſſons même aucun Naturaliſte qui l'ait fait graver. On doit le regarder comme fort rare & comme très intéreſſant depuis le Mémoire que M. Guettard a donné à l'Académie des Sciences le 23 Janvier 1755. Il y démontre ſans replique qu'il eſt un rayon d'une eſpece d'Etoile ou de Pinceau de mer inconnu juſqu'alors, & que les pierres étoilées que l'on trouve en ſi grande quantité, ne ſont que les types de cette eſpece d'Etoile ou de Méduſe, On ſent par conſéquent combien cet objet de comparaiſon nouveau & unique doit être précieux pour les Naturaliſtes.

turaliftes. Il ne nous eft pas permis
de nous étendre davantage fur ce
beau morceau, & nous renvoyons
aux Mémoires de l'Académie des
Sciences de l'année 1755 où eft
celui de M. Guettard. On ne fait
point d'où vient cette production
de Mer. Elle fut apportée à la
Martinique par un Officier de
vaiffeau qui venoit des grandes
Indes, & qui ne put dire dans
quelle mer cet animal avoit été
péché.

375 Un joli Morceau qui paroît formé
par un amas de Polypes de mer, il eft
pofé fur un petit plat de nacre de
perle. *Var. 180tt environ à Mauve*

376 Un Crabe de S. Domingue, très
riche en couleur, & d'une efpece peu
connue ici ; il eft bien confervé, &
il fe confervera d'autant plus long-
tems, que c'eft la dépouille de l'a-
nimal qui en eft forti de lui-même,
comme les Serpens fe dépouillent au
Printems. Il eft renfermé dans une
cafe de verre.

C

16
Crillon

377 Une autre Caze contenant un Crabe des Moluques. *Var. 90.*

18. 1
Roupel

378 Quatre Crabes d'efpeces différentes, bien confervés & renfermés dans
des Cazes de verre.

36. 2
Mauve

379 Trois autres différens, renfermés
auffi dans des Cazes de verre.

18. 2

380 Trois Cazes : dans la plus grande
font une douzaine de petits Crabes,
dont plufieurs peu communs : la feconde renferme un Poiffon que nous ne
connoiffons point, qui paroît être
du genre des Rayes : la troifieme
contient des Œufs de Poiffons. Plus,
un Bocal renfermant une Raye, à qui
on a donné une forme finguliere.

165
Mauve

381 Différens Poiffons & Animaux
amphibies, qui feront détaillés lors
de la Vente.

40
i D
Var.t 48.

382 Six petites Etoiles différentes, trois
Polypes que l'on nomme le Pinceau,
& une efpece de Corail de la Méditerranée, tout rempli d'Etoiles ou
Têtes de Medufe, renfermé dans une
Caze de verre, plus un Poiffon deffé-
ché, nommé le Perroquet de Mer.

9. 2

383 Quatre Eponges différentes, dont
la plus grande eft fur un pied de bois
noirci.

12. 14
Remi

384 Treize Litophytes d'efpeces diffé-

rentes, dont quelques-uns sont sur des pieds noirs, & d'autres sur des objets Marins qui leur servent de pied.

385 Un Carton rempli de différens objets de Mer. *24 . 1*

386 Un autre rempli de différens Madrepores. *3 . 5*

387 Des Œillets de Mer , Cerveaux Marins , en tout dix morceaux. *10 . 4*

388 Une Manchette de Neptune , d'un grand volume & bien conservée , deux autres Madrépores de la Médi-terranée. *Marvie*

389 Deux Madrepores de nos Mers , tous deux bien conservés. *17*

390 Six Madrepores d'especes différen-tes , & un Litophyte encrouté de jaune. *95*

391 Une très belle Manchette de Nep-tune , adhérante à une autre Retipore , trois autres Madrepores montés sur de petits pieds noirs. *var. 6. Deseignes*

392 Six Madrépores d'especes différen-tes. *11*

593 Quatre Œillets d'especes différen-tes , & un Champignon de Mer. *13 Bouches*

394 Un Carton rempli de différentes productions de Mer. *11 . 1*

C ij *Remy*

16 · 1 395 Un très gros Champignon de Mer, & un Grouppe de Tubipores.

51 · 1 *Mauve* 396 Quatre Madrepores d'efpeces dif-férentes, dont deux fur des pieds noirs.

76 · 1 *Dumay* 397 Deux autres Tubipores d'efpeces différentes : une branche de Madre-pore, montée fur un petit pied noir, & fur laquelle eft grouppée une pe-tite Huître épineufe jaune.

41 · 1 398 Un très beau Groupe d'Œillet, & une jolie Limaffe de Mer.

36 · 13 *Mauve* 399 Quatre Madrepores, d'efpeces dif-férentes.

15 · 1 400 Dix petits Madrepores d'efpeces différentes, portés fur des pieds de bois noirci.

96 *Dumay* 401 Six autres de choix, d'efpeces diffé-rentes, montés auffi fur des pieds.

24 · 1 *Crillon* 402 Quatre autres petits, auffi d'efpeces différentes, & beaux en couleurs.

18 · 1 *Grand* 403 Quatre autres, fur l'un defquels font attachées des Huîtres épineufes de St. Domingue.

12 · 3 404 Un autre fur lequel font attachées fix Huîtres de quatre efpeces diffé-rentes : ce morceau eft très agréable.

12 · 6 *Sauvage* 405 Quatre autres Madrepores, plus grands, d'efpeces différentes, montés fur des pieds noirs.

406 Deux autres très jolis, bien confer- ~~52 . 8~~
   vés, fur des pieds noirs.

407 Deux autres auſſi fort jolis. *V. 25* ~~36. ft Crillon~~
abb.

408 Trois autres petits pieds noirs, fur ~~7 . 4~~
   l'un deſquels eſt une Eponge blan-
   che, attachée à un Madrepore ; un
   Litophyte ou Corail noir, & un Madrepore blanc.

409 Un très gros Groupe de Madre- ~~225 . 19~~
   pore, en forme de bois de Cerf:
   ce morceau eſt conſidérable, & bien
   conſervé : il eſt monté fur un pied
   noir.

410 Un fort Groupe, de différens ~~42 . 9~~
   morceaux réunis, de la même eſpece
   que celui du Nᵒ. précédent ; & un ~~var. 12~~
   Madrepore d'une autre eſpece, de ~~Chauveau~~
   l'Iſle de Bourbon : il eſt un peu fruſte.

411 Un autre très beau morceau de ~~72~~
   Madrepore, en forme de feuilles de
   St. Domingue : il eſt d'un gros vo- ~~Sauvage~~
   lume, bien conſervé.

412 Un très beau Madrepore en forme ~~72~~
   d'Eventail, que quelques - uns ap-
   pellent Epi de bled, il eſt d'un grand ~~Roupel~~
   volume, bien conſervé & monté fur
   un pied noir.

413 Un groupe de différens Madre- ~~116~~
   pores ; ce morceau eſt d'un volume
   prodigieux : il eſt bien conſervé, ce ~~Sauvage~~

qui eſt fort rare à cauſe du tranſport. C'eſt de ce morceau dont M. d'Argenville parle , en annonçant le Cabinet de Madame Dubois-Jourdain.

59.19 *Nanteuil*

414 Un autre de même nature , d'un volume moins conſidérable , & qui eſt très bien conſervé.

10.5 *Sauvage*

415 Un Madrepore blanc de St. Domingue , ſur lequel eſt attaché un Cœur en forme d'Arche de Noé , enveloppé dans la même matiere que celle du Madrepore.

12.16 *Brouart &c me Montorgueil*

416 Onze morceaux , dont cinq Manchettes de Neptune différentes : cinq petits Madrepores ſur leurs pieds noirs.

22 *Mauvé*

417 Six morceaux différens , dont trois Madrepores , un Groupe de différentes Huîtres & Tubulaires , &c.

11.2 *Crillon*

418 Un Madrepore en forme de bois de Cerf , d'une forme agréable , & dont les petites épines ſont bien conſervées , il eſt monté ſur un pied de bois noirci.

65 *Remy*

419 Un autre très ſingulier : il paroît dans ſon origine avoir été de la même eſpece que celui du Numéro précédent ; mais il a été recouvert dans ſon entier, par la matiere d'une autre

efpece de Madrepore ; outre cela, il
porte un morceau d'éponge rompue,
que les Animaux ont aussi renfermé
dans leur travail : ce morceau est
bien conservé, & monté sur un pied
de bois noir.

420 Une autre espece de Madrepore, *74 . 1*
d'un travail plus fin que celui que l'on
appelle bois de Cerf ; il forme un *Nanteuil.*
joli Buisson : il est bien conservé, &
monté sur un pied de bois noirci.

421 Un autre plus petit, de même es- *39 . 5*
pece, & très bien conservé : il est sur *Remy.*
un pied noir.

422 Trois Morceaux montés sur leurs
pieds de bois noir ; savoir, un pareil *93 . 11*
aux deux du Numéro précédent,
& deux Litophytes recouverts d'une
croute rouge, un des deux est très
joli.

423 Deux autres Madrepores, un en buis- *64 . 16*
son, que l'on nomme Epi de bled,
& l'autre en forme d'éventail, une *40 — "*
Huître feuilletée de St. Domingue est *Mauve*
renfermée sur le pied de ce Madre- *24 - 10*
pore, dans la matiere qui le compose. *Remy.*

424 Un autre Madrepore très agréable, *36 . 1*
de la même nature que le dernier du
Numéro précédent : il est d'une belle
forme & bien conservé. *var. 26 . Crillon*

66. 5 *Nanteuil.* 425 Un autre de même nature & d'une forme très agréable, il est monté sur un pied de bois.

78 426 Un Madrepore blanc, en forme de buisson, d'un travail très fin, ce morceau est d'un gros volume pour son espece & il est très bien conservé, ce qui est fort rare à trouver.

id.

703 427 Un autre de même nature que celui du Numéro précédent, de même forme, cependant un peu plus fort : ces deux morceaux sont très agréables.

id.

26 428 Deux autres, un petit de même nature que les deux précédens, & l'autre de forme ronde, que l'on nomme Cerveau Marin.

119. 5 428 * Plusieurs belles Panaches, Litophytes & Eponges qui seront détaillés à la Vente. *Var. 19. 19 Du May autre 11ᵉ Sauvage.*

Coraux.

116 429 Un superbe morceau de Corail oculé jaune, de la Méditerranée, très grand, bien conservé : la plûpart de ses branches sont couvertes d'Huîtres & de Glands de Mer, vifs en couleurs : il est monté sur un pied noirci.

Rémi

44. 5 430 Deux autres morceaux aussi montés

Sauvage *Var. 24* *20. Mauvé*

fur leur pied noirci , l'un de même
nature que celui du Numéro précédent , le fecond eft un Corail oculé
blanc de la Méditerranée.

431 Un autre Corail oculé blanc de S.
Domingue : ce morceau eft d'une bel-
le forme & d'un grand volume.   *98 . 1*
Mauve.

432 Une branche affez forte, de Corail   *38 . 1*
articulé blanc & noir ; on fait que
cette efpece eft fort rare.

433 Une autre de même nature que la   *15 . 1*
précédente ; & une branche articulée
rouge : on fait auffi que cette efpece
eft fort rare.

434 Une branche de Corail rouge : ce   *151 . 1*
morceau eft en forme d'éventail,
d'un volume très confidérable : il   *Dumay.*
porte fon épiderme , on y remarque
les petits trous où étoient logés les
Animaux ; on peut le regarder comme une piece de diftinction.

435 Un Rocher chargé de fept branches   *110 . 1*
de Corail rouge : elles font dépouil-   *Richard*
lées de leur épiderme.

436 Plufieurs morceaux de Corail rou-   *15 . 12*
ge & blanc, appliqués fur une Roche.

437 Un morceau de Corail d'un grand   *28 . 2*
volume en forme d'éventail : il eft
poli & monté fur un pied noirci : ce   *Bernouilly*
morceau mérite confidération, parce

C v

que fur un des côtés, il y a plufieurs
branches qui ont été caffées , & que
les animaux ont recollées , par la li-
queur qu'ils ont répandue.

22. 1   438 Une très belle branche de Corail
rouge poli , montée fur un pied
noirci : ce morceau eft auffi d'un
grand volume.

29. 2   439 Une autre d'un volume moins con-
Dumay.   fidérable.

34   440 Un autre , *Idem. Sauvage . v.* 30

16   441 Deux autres , un d'un beau rouge ,
Nanteuil.   & un d'un rouge plus pâle , adhérant
à fon Rocher.

9. 1   442 Deux autres , *idem.*

19. 12   443 Deux autres fur des pieds noircis ,
l'un rouge & l'autre couleur de chair
Var. 37 *Remy*   pâle.
et 25 *Sauv.*
11. 1   444 Quatre autres , deux rouges dépouillés , un fans être dépouillé & le
quatrieme eft blanc.

30.   445 Quatre morceaux finguliers; favoir
une Atene de Langoute recouverte
en partie de la matiere du Corail rouge; un morceau de Coquille chargé
d'un gland , recouvert auffi de la matiere du Corail ; un Caillou tout
chargé de petites branches de Corail,
& un petit Flacon qui renferme dans
de l'efprit - de - vin quelques bran-

ches de Corail où l'on remarque à la loupe les Animaux qui les ont produites.

446 Deux branches de Corail rouge attachées sur deux Coquilles différentes ; une branche de Corail oculée jaune, sur laquelle sont attachées trois Poulettes ; un petit pied sur lequel est posé la baze, en forme de racine, d'un Corail articulé blanc de la Méditerranée, & quatre morceaux de Litophyte noir, que l'on appelle Corail noir. *var*. ſ

3. 1

Mauvo

vai. ſ

447 Une Branche de Corail oculé de la Méditerranée, où tient une Poulette ; différens petits Madrepores, en tout cinq pieces.

12. 12

Animaux.

448 Un Coati conservé avec ses chairs & ses os, suivant la méthode de M. Hériffant, de l'Académie Royale des Sciences ; il est renfermé dans une Caze de verre montée en bois : elle porte deux pieds de long, quatorze pouces & demie de hauteur, & autant de profondeur.

41. 1

Magnon

449 Un Ecureuil, un Cochon d'Inde, deux Perroquets de Mer, & un morceau de vertebre de Baleine.

8. 19

C vj

95. 19

Dumay.

450 Une grande Boîte de bois, fermée par-devant de Verre, elle a sept pieds de long, onze pouces de hauteur & dix pouces de profondeur, & renferme dix-neuf Oiseaux qui sont une Perdrix, un Sansonnet, une Mésange, une Grive, un Pinson d'Ardenne, un Tartaveau, une Alouete, une Pie-Grieche, un Chardonneret, une Chouette qui tient un Serin sous ses pattes, un Bouvreuil, un Pic-vert, une Mésange à tête bleue, une Pie, un Pivoine mâle, un Geai, un Serin & une Tourterelle : tous ces Oiseaux sont bien conservés, & seront vendus ensemble, afin d'éviter d'ouvrir la boîte, & d'empêcher par-là, que les Scarabés destructeurs ne s'y mettent.

92. 2

id.

451 Une autre Boîte de même longueur & profondeur, sur vingt pouces trois lignes de hauteur, renfermant un Hibou, une Caille, un Coq, une Poule avec quatre petits Poulets, un Râle d'eau, un Faisan, un Becasseau, un Corbeau, une Poule d'eau, un Canard, une Macreuse & un Grêbe.

48

De la Croniere

452 Une Cage de Verre, renfermant sept différens Oiseaux perchés sur un Arbre, & une Mésange, une

autre huppée, La Pupu & une forte
Grive.

453 Un beau Paon bien confervé en *27*
chair & en os.

454 Un Perroquet gris , & plufieurs *21*
autres Oifeaux.

455 Une Caze de bois garnie de verre , *13*
très bien fermée , renfermant trois
Grimpreaux de Cayenne , tous trois
d'efpeces différentes ; & huit Papillons auffi d'efpeces différentes, dont
trois étrangers : ces animaux font
arrangés artiftement & confervés.

456 Un Bocal qui renferme deux Grim- *48. 1*
preaux de Cayenne, un petit Colibri
& un petit Perroquet de Terre : au *Var. 30*
haut de la branche, eft un Nid de
Colibri ; deux autres Bocaux , dans *Du May*
l'un defquels eft auffi un Colibri fur
fon nid , & dans l'autre, encore un
Colibri , perché fur des fleurs.

457 Trois autres Bocaux , dans l'un def- *34. 1*
quels eft un Oifeau , que l'on nom-
me jeune Cormorand de l'Ifle des *Mauve*
Açores , dans l'autre la portion du
Squelette d'un Animal , & dans le
troifieme , un Œuf caffé , qui contient un petit Cayman.

458 Une groffe Tête humaine confer- *24*
vée dans l'efprit de vin.

Dela Cromiou

96.

459 Une Tête d'enfant monſtrueuſe ;
elle a deux bouches & trois yeux,
conſervée auſſi dans de l'eſprit de vin.

263

Mauv¹

460 Un Squelette d'enfant monſtrueux;
les deux têtes n'en font qu'une, & les
deux corps ſont réunis par la poi-
trine : ce Squelette eſt très bien conſervé & enfermé avec ſoin ſous un
grand bocal.

3 . 7

La Croniſive

461 Un Enfant nouveau né conſervé
dans l'eſprit de vin , & un Squelette
auſſi d'enfant. *Vai. 6*

20 . 3

Sauvage.

462 Le Squelette d'un Fœtus très jeune
enfermé ſous un bocal, & deux autres bocaux renfermant des parties
humaines qui ont rapport à la circu-
lation du ſang; l'un des deux eſt un
cœur injecté. *v. 1ſ*

6

463 Un autre petit Squelette d'enfant
monſtrueux renfermé dans une caſe
de verre ; trois autres caſes contenant
différens morceaux de Momies , plus
une main deſſéchée.

7

464 Une Caſe de verre renfermant une
main de Momie ; & une autre plus
petite Caſe contenant différens morceaux de Momies.

6

465 Deux autres idem , la plus petite
Caſe renferme auſſi des linges qui
nt ſervi à enfermer la Momie.

466 Un Cilindre de verre monté en *17*
cuivre dans lequel eſt renfermé un
Objet qui paroît être une Mandra-
gore ; elle a la figure humaine, &
ce morceau paroît être très curieux ;
un petit bocal renfermant les cheveux d'un Negre blanc.

467 Une grande Caſe de verre, quarrée, *17. 3*
qui contient la tête monſtrueuſe d'un
Animal qui paroît être un Faon : ce
ſont deux têtes réunies enſemble.

468 Un Bocal renfermant dans l'eſprit *17.1*
de vin un petit Chat qui a huit pattes
& deux queues ; un autre Bocal auſſi
rempli d'eſprit de vin, dans lequel
eſt un Chat à une tête & deux mu-
ſeaux.

469 Un Oiſeau monſtrueux qui a qua- *102. 3*
tre pattes & quatre aîles, conſervé
dans de l'eſprit de vin ; un autre avec
deux becs & trois yeux, conſervé
auſſi dans l'eſprit de vin ; un Lapin
dont la queue forme une patte à ſept
griffes. Le Squelette d'un Oiſeau,
celui d'un Chat qui tient à ſa gueule
le ſquelette d'un Rat, renfermé dans
une caſe de verre ; deux autres caſes
de verre, qui contiennent des objets
que l'on croit être des parties ani-
males.

470 Trois Bocaux remplis d'efprit de vin, renfermant un Caméléon, le Serpent à lunette, ou Porte-mort, & une Vipere.

51

Mauvé

471 Quatre autres Bocaux; deux renfermant des Léfards différens ; le troifieme deux gros Crapauds des Indes, fous la forme de Tétard.

24.

i ∂.

472 Six autres Bocaux remplis d'efprit de vin, dans l'un font des Pholades; dans le fecond un Poiffon nommé Pilote; dans le troifieme des Chryfalides ; dans le quatrieme une Racine de Mandragote, & dans les deux autres petits des objets que nous ne connoiffons pas.

50.

Remy

473 Cinq autres Bocaux, qui contiennent un Mille-pied de S. Domingue, des Vers Palmiftes, une Chenille couleur de rofe, une autre blanche épineufe ; le cinquieme renferme une Chenille à tige.

48.

474 Trois autres Bocaux qui renferment différentes efpeces de Polypes.

24.

475 Trois Tubes de verre fermés hermétiquement, qui renferment trois différens Serpens.

9.

Boucher

476 Vingt Cafes de bois garnies de verre deffus & deffous, qui renferment différens Infectes & Papillons

63.

Dumay

de France ; entr'autres fe trouve le
Papillon Tête de mort. Tous ces Infectes & ceux que nous allons annon-
cer font bien confervés.

477 Cinq Cafes de bois auffi garnies
de verre ; une très grande renfermant quatre Lézards , dont celui aîlé
qui eft fort rare , une Mante & deux
Araignées ; dont celle qui porte le
nom d'Araignée Crap ; elle eft fort
rare , & celle-ci eft bien confervée.
Dans une autre Cafe moins grande
font renfermées cinq Grenouilles
différentes ; dans une autre cinq Scor-
pions ; dans une autre , trois Mille-
pieds , dont le grand s'appelle la
Mal-faifante , & dans la cinquieme
un petit Lézard.

478 Six autres Cafes ; dans l'une eft
renfermé un très gros Ver à mille-
pieds ; dans une autre , fix Bupreftes
& un grand Serambrix ; dans la troifieme environ vingt Infectes différens , dont quelques-uns font étrangers ; dans la quatrieme font encore
des Infectes ; la cinquieme renferme
plufieurs petits Infectes prefque tous
du Pays ; & la fixieme contient quatre
Scarabés , dont deux dans l'état de
Chryfalide.

479 Quatre Cafes, dont deux grandes; dans la premiere font renfermés quinze Scarabés différens, dont la plûpart font étrangers. On prévient qu'il y a en un, dont la tête ne lui appartient pas; la feconde Cafe renferme trois Sauterelles & trois Serambrix; la troifieme, un très grand Papillon Phalêne étranger; la quatrieme, un très grand Papillon à queue peu commun, & un autre avec des yeux rouges, d'Italie.

480 Neuf autres Cafes, dont fept renferment des Papillons étrangers, ils font tous bien confervés, & la plûpart peu communs; la huitieme renferme le Porte lanterne, & la neuvieme différentes Chryfalides.

481 Deux Bocaux qui renferment, l'un un Citron, l'autre une Orange que l'on a fait croître dans le bocal, & que l'on a confervée enfuite dans de l'efprit de vin.

Mine d'or.

482 Un des plus beaux Morceaux de Mines d'or du Pérou par fa groffeur & par fa richeffe.

483 Un morceau de Mine d'or, dont la bafe quartzeufe & rougeâtre fe

criftallife; un Minéral d'or natif dans
un Spath gris noir, & un troifieme
morceau de Mine d'or de Mexico *
en Quartz & Hornftein.

484 De la Platine ou Or blanc du Pé-
rou, & deux Morceaux de Mines d'or. *15 Lemagnen*

485 Quatre différens Morceaux de Mi- *69*
nes d'or, dont un de Tafco, & deux
petits flacons de criftal renfermant *1 d.*
de la poudre d'or.

Mines d'argent.

486 Un riche Morceau de Mine d'ar- *22*
gent natif en végétation. *1 d.*

487 Un autre de même nature. *12 · 15*

488 Un autre Morceau riche & agréa- *10 · 19*
ble ; on y voit des feuilles d'argent
en végétation, élevées & détachées *Du Fresne.*
de la mine, ce qui rend ce morceau
curieux.

489 Un Morceau de Mine d'argent *14*
vierge dans un Spath blanchâtre.

490 Un autre d'argent noir dans du *17*
fpath, & une belle Mine d'argent
végété.

491 Un riche Morceau de Mine d'ar- *16 · 3*

Nauteuil.

---

* On a fuivi exactement les étiquettes, & on
a eu grand foin de les conferver fous chaque
morceau où ils étoient placés.

gent vierge en filet du Pérou & un
autre dans du fparh.

9 · 7 — *Crillon*

492 Un joli Morceau de Mine d'argent en végétation, tenant à du quartz; une autre végétation dans du fpath vitreux, & un troifieme Morceau de Mine en cheveux.

18 · 4 — *Dumay.*

493 Une Végetation qui forme une efpece d'arbre, & qui tient à du fpath, & cinq autres morceaux dont un d'argent maffif des Ifles, & que l'on croit tel qu'il a été trouvé.

30

494 Sept petits morceaux de Mines d'Argent de différens Pays : il s'en trouve un très joli de Hongrie.

12 · 12 — *Nanteuil*

495 Un morceau de Mine d'Argent vierge, fort riche.

15 ¡ 6 — *Chauveau*

496 Autre d'Argent pur, en filamens dans un Quartz, & un fecond avec de la Topafe, on y voit de l'Argent fur la Topafe, outre ce qu'en contient la bafe.

12 — *Dumay*

497 Deux morceaux de Mines d'Argent de confidération, travaillés dans les Mines du Pérou. ✓ 3 ★

30 - 1

498 De l'Argent natif en arbriffeau, dans une Matrice de Criftal jaune, ou d'une matiere Quartzeufe, dont la couleur tient à la Topafe & à l'Hyacinthe : ce morceau eft très curieux.

vant 18.

499 Un morceau de Mine d'Argent du
Canada, un d'argent & de Plomb,
avec un Criftal vert du Pérou, & cinq
autres d'Argent gris, dont un du
Japon.

9. 8

Levasseur

500 Deux jolis petits morceaux de Mines d'Argent rouge, dont un du Potofi, un de Marcaffite, & Argent du
Tirol, que l'on croit rare, & un
quatrième morceau dans lequel il y a
de l'Argent en végétation, de l'Argent rouge & de l'Argent gris.

6. 12

Le P. Gaillot

501 Un beau morceau de Mine d'Argent rouge du Potofi; un autre très
riche avec des Criftaux; deux de
Ste. Marie, & un cinquieme morceau de même nature que le dernier
de l'Article précédent.

10. 3

502 Un fuperbe morceau d'argent rouge en Canon.

40. 1

503 Un Morceau de Mine d'argent ar-
fénical criftallifé, de Sieffa Morena
en Efpagne près Guadalcanal; un
d'argent rouge dans le fpath, un troifieme d'argent maffif de Kongsberg
en Norvege, & deux autres Morceaux
auffi d'argent rouge.

12. 2

Gruel.

504 Un gros Morceau de Mine d'argent
en filamens.

41. 3

Dumay

505 Sept différens Morceaux de Mines

6. 1

d'argent; deux sont rouges, dont une du Pérou.

Magnen. 3. 1 506 Quatre Morceaux de Mines; un d'argent gris dans du quartz, un dans du phasse du Pérou, de l'argent gris minéralisé par du soufre avec du spath & du quartz; le quatrieme, d'argent & plomb de Ste. Marie.

Crillon 14 507 Un fort Morceau de Mine d'argent de la Dorothée à Clausthal, & une très petite d'argent rouge avec hyacinthe.

Le Magnen 18 508 & 509 Autre Morceau de la Dorothée, & deux de la Coraline à Clausthal.

Linski 110 510 Un très grand Morceau de Mine d'argent & de plomb avec du cristal, trouvé dans une cavité formé par l'eau à Hactz. Ce Morceau est singulier, & se distingue dans un Cabinet.

Bonchw 18 511 Un agréable Morceau de Mine de cuivre & argent d'un beau bleu, tiré de Bulach, au Duché de Wirtemberg, un d'argent d'Espagne, & trois autres dont un dans du spath des Pirenées.

La Cromieu 8. 19 512 Un beau Morceau pareil au premier du n°. précédent; un autre de cuivre, plomb & or du Couserans, &c. en tout sept.

513 Quatre autres, dont un d'un beau bleu, tiré de Bulach. *16. 19 Bouchon*

514 Une Mine d'argent dans un morceau de malaquite & d'azur, cuivre, plomb & argent de Hartz, & un troisieme Morceau de cuivre & d'argent d'un beau bleu, de Bulach. *10. 1 Crillon*

515 Cinq différens Morceaux de Mines de Bulach & de Hartz. *36. 3*

516 Un très beau & agréable Morceau de Mine du Pérou, riche en argent. Quoiqu'elle soit chargée de pyrites blanches arsenicales, elle a dans son milieu une couche de cristaux. *45. 1 Bouchon. Var. 36.*

517 Un beau & fort Morceau de Mine de cuivre en Malaquite, de la Ville de Moulina-Arragon en Castille, & qui tient soixante-quatre livres de cuivre par quintal. *22 Var. 15-- Du May.*

518 Un petit Morceau de la même Mine, mais qui tient quatre-vingt-six livres par quintal; un Bleu de Mine de cuivre de Ruffie; un Morceau de Mine de cuivre natif en végétation, & cinq autres. *12*

519 Huit autres, dont un d'un beau bleu. *Var. 12* *3. 9 Crillon.*

520 Huit Morceaux de Mines de cuivre, dont un de Basse-Navarre avec la pyrite; un dans du quartz blanc *12. 18*

avec de petits criftaux en *Lapis La-*
zuli, & un Morceau de malaquite.

521 Deux petits Morceaux, dont un
de marcaffite de cuivre de la Chine,
un de cuivre velouté, un de cuivre
bleu de Ruffie, deux de Baffe-Navarre, l'une à gorge de pigeons, &
l'autre violette, & un morceau de
malaquite : en tout fept.

522 Un petit Bocal contenant de la
Mine foyeufe de la Chine, deux petits Morceaux de Mines du Japon,
& huit autres Morceaux de belles
Mines de cuivre, dont deux foyeufes
du Palatinat.

523 Un gros Morceau de Mine de
cuivre, plein d'arfenic & un peu
d'argent de Molina : la variété de fes
belles couleurs le rend agréable &
très eftimable. Deux différens Morceaux de la Chine, un de Ruffie,
un violet de Baffe-Navarre & un de
Moulina.

524 Treize Morceaux de Mines de cuivre, dont un pareil au premier du
précédent article, mais plus petit;
un de Mexico mêlé de plomb fur
une bafe de fpath.

525 Un joli Morceau de Mine de cuivre foyeufe du Hartz, une belle
Mine

Mine foyeufe verte & bleue avec du
criftal de roche, & onze autres des
Pyrenées , Nordbergg , Folhand ,
Saint-Domingue, &c.

526 Huit Morceaux de Mines de cuivre: il fe trouve dans ce nombre un
Minéral gris pur, des Mines de Clauf-
thal : ce Morceau eft criftallifé, &
on le dit rare.

4 · 19
Chauveau
var . 15.

527 Douze autres de la Weftmanie ,
Nolfed & autres endroits.

7 · 12
La Magnen

528 Un beau Morceau de Mine de
cuivre de Ruffie ; un fecond dans
une matrice quartzeufe ou de petits
criftaux en aiguilles ; un troifieme
en verd de gris foyeufe , & cinq
autres.

6 · 1

529 Une Pierre calaminaire minérale,
& trente-fix différens Morceaux de
Mine de cuivre.

7 · 1

530 Cuivre en verdet & *Lapis Lazuli*
dans un quartz verdâtre; Pierre d'Ar-
ménie azur blanchâtre : en tout dix-
fept Morceaux de Mines de *Lapis*.

7

531 Un beau Morceau de Mine de
Ruffie , & un de couleur jaune doré
un peu changeant, mêlé de matiere
métallique , criftallifé en pointes à
facettes.

15

532 Treize différens Morceaux piri-

16 · 11
var. 2ᵘ
Mondon

D

teux, dont une belle mâsse de Pyrites toutes en criftaux, qui paroît recouvrir une efpece de caillou gris.

14   533 Des Pyrites avec du fpath fufible, un Quartz bleuâtre avec de la pyrite, & différens autres Morceaux : en tout huit.

Du Fresne

5 . 19 534 Trois Morceaux de Pyrite dans du fpath blanc.

Mines de Fer.

30   535 Quatre Morceaux de Mines de fer agréables, dont un criftalifé en crête de Cocq ; il vient de la Navarre.

Boucher.

9   536 Un pareil Morceau de Mine de Navarre ; un de Fer tenant or & argent, & où il y a de la prime de Topaze dans un Quartz ferrugineux du Val Samatin en Alface ; un autre, dont l'intérieur eft à mamelon chatoyant ; un Hæmatite de Langron, & un Morceau de Mine de Pontoife dans lequel on prétend qu'il y a de l'or.

18 . 1 537 Cinq Morceaux de Mines de Fer, dont trois de Bafse Navarre : il s'en trouve un joli avec de petits canons de criftal.

16 - 10

Picart.

60 . 1 538 Un magnifique Morceau de Mine de Fer blanc de Bafse Navarre, & dix

Trouart.

de Bisberg , Nordberg , Weftmanie.

539 Un Morceau de Mine foyeufe ; un
incrufté de criftaux de roche , & quatre autres Mines de Fer.

9 · 10

540 Dix - neuf autres de Vikgrufra ,
Nordberg, Vitifgrufra, Sahlberg : Bisberg , quelques-uns font mêlés de
cuivre.

8 · 6
Brulé .

541 Vingt quatre jolis petits Morceaux
de Mines de Fer , dont un criftallifé ,
un criftallifé chatoyant , &c.

16 · 1

542 Une Boîte contenant différens Morceaux de Mines de Fer de la Martinique , d'Angleterre & autres Pays.

7 · 19
Du May.

543 Différens autres Morceaux de Mines de Fer & terres ferrugineufes.

8 · 3

544 Dix-huit autres , dont une de la
Mine du Charbonnier.

1 · 10 v. 60
du May

545 Un *Flos Ferri*, tiré des Mines de
la Styrie. Ce Morceau eft eftimé être
de la plus grande diftinction par rapport à fa richeffe , & encore plus pour
fon volume qui eft de quatorze pouces & demi de haut , douze & demi
de large & fix pouces & demi d'épaiffeur.

441
Montriblou

546 Un *Flos Ferri* grisâtre de huit pouces de haut , fur neuf de large.

30 · 12
Sauvage

547 Un autre *Flos Ferri* plus petit , &
un Spath filamenteux , criftal en fta-

18 · 1

D ij

Le Magnon

lactite de *Flos Ferri*, tiré d'une Mine d'argent d'Allemagne.

4 · 10 548 Des Pyrites des Pyrennées, de Nordberg, &c. en quatorze pieces ; plus, une Moule minéralisé en pyrite Martiale, & un Fragment de Géode.

3 · 2 549 Un Morceau de Pyrite des Indes, un de Falun, & huit autres.

3 · 1 550 Neuf Pyrites & Marcassites : plusieurs de ces Morceaux sont curieux.

3 551 Des Pyrites & Marcassites de la Westmanie, d'Hongrie & autres endroits, une Pierre des Incas. En tout trente-six petits morceaux.

Mines de Plomb.

4 552 Dix Morceaux, dont huit contiennent de l'argent ; il s'en trouve une de Suede.

100 · 2 553 Deux autres de Mines vertes ; il s'en trouve une crystallisée en tuyaux de la Forêt noire ; une de Plomb blanc aussi crystallisée de Sellerfeld, & deux autres.

Nanteuil.

10 · 12 554 Cinq Morceaux des Mines de Sellerfeld, Hartz & Poulaven.

Trouart

13 · 1 555 De la Mine de Plomb dans du Spath, d'autres avec de la Pyrite & du Spath fusible de Franconie, Clausental, Hartz, &c. Quatorze morceaux.

556 Douze différens Morceaux de Mines de Plomb, dont une cryſtalliſée de la Chine. *8. 11*

Mondon

557 Une Mine de Plomb avec de la Pyrite & du Spath fuſible, & onze autres différens Morceaux. *4. 5*

558 Quatorze Morceaux de Mines de Plomb des Illinois à la Louiſiane, du Sénégal, du Tirol, de Sellerfeld, &c. *3. 12*

559 Cinq forts Morceaux, dont une de Géromany tenant beaucoup d'argent, ſur une lame de quartz cryſtalliſée. *17*

Dumay

560 Onze autres auſſi de Plomb, tant gros que petits. *12. 14*

Galenes & Biſmuth.

561 Dix Morceaux de Galenes des Mines de Sahlberg, de Lofaſon, Dalecarlie, Osteſſilsberg : deux Morceaux de Biſmuth, dont un minéraliſé par le ſoufre, & un Morceau de Tuthie minerale naturelle, trouvée aux voutes des Mines de Goeſland. *10*

Lesage

Mines d'Etaim.

562 Vingt-un Morceaux de Mines d'Etaim, dont pluſieurs avec des cryſtaux. *35. 19*

D iij

Nanteuil

Mercure , Cinabre & Vif-Argent.

9 · 5 563 Quatorze Morceaux de Mines de
Mercure de Valence, Toscane, Deux-
Ponts & Montpellier : il s'en trouve
une qui contient de l'argent.

36 · 11 564 Différentes Mines de Cinabre , &
plusieurs Préparations de Vif - Argent : en tout quinze objets.

Dumay.

97 · 12 565 Six Morceaux de Mines de Cinabre , dont un d'Almaden en Espagne.

Mauve

72 · 1 566 Plusieurs Echantillons de Cinabre ,
dont un de la Chine en dix pieces.

Cobalt & Zinc.

36 · 1 567 Sept Morceaux de Cobalt des Pyrenées , de Riddarhytau , de Bas-
truées & autres endroits ; sept Flaccons contenant les quatre feux ou
nuances de couleurs bleues tirées
du minéral de Cobalt par les grandes
opérations d'une Fabrique en Saxe :
le Régule tiré du bleu d'émail, de
l'encre rouge & de l'encre jaune.

Dumay.

8　568 Quatorze Mines de Zinc , dont
trois blanches de Rettwik , une avec
Cristaux vermiculaires , & Pyrites
cubiques arsénicales : plus , un morceau de Blende rouge des Mines
d'argent dans la Province de Dalécarlie.

569 Des Soufres de la Guadeloupe, de *36. 1*
Samara, de Ruffie, de Siberie, de
Quito au Pérou, de l'Ifle de Bongo, *Dumay.*
& d'autres endroits.

570 Une Boîte, contenant plufieurs *7*
morceaux d'Antimoine, d'Arfenic,
de l'Orpin, &c.

571 Deux morceaux de Réalgar miné- *21*
ral natif, tel qu'il vient de la Chine :
une Croix, un Chapelet & un petit
Coffre de Sel, de la Montagne de *hemy.*
Cardona en Catalogne ; du Sel rouge
de Valence en Efpagne, & autres
morceaux.

Amianthe.

572 Amianthe dans un Spathe appellé *22. 7*
communément Criftal d'Iflande : une
Concretion pierreufe de Montmo- *Dumay*
rot ; une petite Maffe criftallifée, &
une ordinaire ; de l'Alun de Plume,
de l'Amianthe vert, & autre du Bre-
fil, &c.

Criftaux, Criftallifations & Spath.

573 Une magnifique Maffe de Criftal, *50. 1*
où fe trouve des Pyrites : elle porte
un pied de haut, & fa bafe a autant *id.*
de large.

574 Une autre de Criftal rempli de *27. 3*

Sauvage

Spath calcaire du Hartz : elle porte dix pouces de haut.

38
Sauvage

575 Autre beau Morceau couvert par endroit de Spath calcaire : il vient auſſi du Hartz.

24
Dumay

576 Une Maſſe de Criſtal en Rocher, recouverte en partie de Spath fuſible, dont la baſe eſt formée de Spath calcaire, remplie de Mine de plomb.

10

577 Autre Maſſe avec des Pyrites & du Spath calcaire.

16 . 2

578 Une belle & grande Maſſe de Criſtal de Roche, remplie de Pyrites & de Mine de Plomb.

24

579 Une autre preſque entierement couverte de Pyrites & de Spath calcaire, avec un peu de Mine de Cuivre.

6
Crillon

580 Un fort Morceau, ou Bloc de Criſtal de Roche de Madagaſcar.

28

581 Autres à petits Canons colorés en jaune par le fer.

10

582 Une belle piece de Criſtal, couverte de Spath fuſible & calcaire, & du quartz.

30
Mauvais

583 Un Spath calcaire, ſur une Maſſe de Pierre vitreſcible du Hartz : ce morceau eſt des plus agréables.

47
id.

584 Un très beau morceau de Pierre calcaire criſtalliſée.

585 Une belle Maſſe de Spath calcaire, *17*
dont la baſe eſt une Pierre fuſible. *Dumay*

586 Une autre belle Maſſe de Spath cal- *24* *7.*
caire. *Moutillon*

587 Deux Spaths cubiques fort peſants, *17-18*
jaune tous deux, l'un plus que l'autre.

588 Deux Spaths cubiques, l'un verdâ- *98 var 8.*
tre avec du quartz, & l'autre bleuâtre
dans un ſemblable Spath irrégulier. *Dumay.*

589 Une belle & forte Maſſe de Criſ- *30*
tal, couverte de Pyrites, du Hartz.

590 Un Morceau de Criſtal. *9*

591 Autre de Hanovre couvert de Spath *7 Boucher.*
fuſible.

592 Un Criſtal de Roche, rempli de *11*
Pyrites & d'un peu de Spath fuſible,
& un autre avec des Pyrites.

593 Un beau & ſingulier Criſtal de *60*
Roche, rempli de Spath fuſible, coloré par un peu de Mine de Plomb,
de Hartz.

594 Une belle Piece de Criſtal coloré, *avec*
formé dans l'intérieur d'une Pierre *617*
couleur d'Améthiſte, & dans quelques parties jaunatre.

595 Trois autres Morceaux différens, *51 var. 5*
auſſi criſtalliſés dans l'intérieur. *Boucher.*

596 Un Grouppe de petits Criſtaux, *4. 10*
couverts de Pyrites à facettes; porté
ſur une baze de quartz brun, & deux

D v

Morceaux de Cailloux criftallifés intérieurement.

6   597 Un Morceau de Criftal de Roche de Lorraine, à petits canons & fines éguilles, remplis de Pyrites, & une Pierre calcaire couverte de Criftal, & remplie de Spath calcaire.

19   598 Deux Criftaux de Roche, l'un blanc
Sauvage.   recouvert de Spath fufible, & l'autre rempli de Spath calcaire & fufible.

id. 7   599 Deux autres Morceaux, *Idem.*

id. 6 · 8   600 Un beau Criftal couleur d'Améthyfte, fur du Spath.

19   601 Un autre Morceau plus confidéra-
Sauvage.   ble auffi couleur d'Améthyfte.

11   602 Un joli Criftal de Roche rempli de Pyrites, fur une Maffe de Pierre, & trois Morceaux, dont un fur du Quartz, tenant un peu d'Argent.

3   603 Quatre autres Morceaux différens.

24 · 5   604 Criftal de Roche rempli de Pyrites, un Spath fufible couvert de Criftal
Chauveau   & de Mine de Plomb du Hartz, un Criftal de Roche, rempli de Pyrites & de Spath calcaire : ces trois Morceaux ont des variétés qui font plaifir.

13   605 Une belle Maffe de Criftal, couverte de Spath fufible & de Pyrites.

35 · 19   606 Un Spath chargé de Pyrites, ce beau Morceau eft fingulier.

Dumay.

607 Cristal de différentes couleurs, for- avec
mé dans l'intérieur d'une Pierre, 594
dont le Pourtour en a été séparé.

608 Des Cristaux jaunes & couleur d'A- avec
méthyste, qui forment un Groupe 601
agréable dans l'intérieur d'une Pierre, & des Cristaux bruns dans
une autre.

609 Deux, *Idem.* 4

610 Un Spath calcaire chargé de Pyri- 25. 2
tes, ce Morceau est très joli. Chauveau

611 Deux Spaths, dont un Calcaire 18. 3
couvert de Cristal.

612 Un Morceau de forte Ardoise, re- 12
couverte de très petits Cristaux, &
de Spath écailleux groupé en petits
Globes, & deux Cristaux, dont un
couvert de Pyrites.

613 Un beau Morceau de Cristal à 16
Canons, de différentes grosseurs. Roupel.

614 Un gros Morceau de Spath bleu, 23
dans une Matrice quartzeuse, & une Chauveau
Masse de Cristaux bruns.

615 Des Cristaux verdâtres & d'Amé- 23
thyste dans du Spath, & une Masse var. 37
de Cristal brun d'où sortent des Ca- Sauvage
nons.

616 Un gros Canon de Cristal noir, un 8
gris, un Cristal à Eguilles, & six Morceaux de Cristal de Roche. Dumay.

D vj

8   617 Un Cristal *vermiculé* des Pyrénées, un autre avec du Quartz de l'Isle des Souris, un troisieme du Fleuve de St. Laurent, & quatre autres Morceaux.

3   618 Douze petites Mines de différens Cristaux.

14   619 Un Cristal de Roche, couvert de Spath fusible noir, autre avec un peu de Pyrites, un petit Canon de Cristal noir, un gris : en tout douze Morceaux.

9. 7   620 Dix Morceaux, dont deux Cristaux cubiques verds, l'un groupé

Dumay   avec des Cristaux blanc, ou couleur d'eau, & parsemé de points pyriteux dorés.

7   621 Spath bleu dans une Matrice quartzeuse, une Masse composée d'un côté de Cristaux blancs, & de l'autre, de Cristaux bleuâtres, & sept autres.

8. 19   622 Un beau Morceau de Cristal rempli de Spath fusible attaché à de la

v. 6ᵉ Sauvage   Mine de plomb, & deux autres Cristaux.

10. 16   623 Un Cristal de Roche, coloré par un peu de Mine de Plomb, des Cristaux dans de la Mine de Plomb, & autres Morceaux, en tout quinze.

44. 5   624 Un beau Spath fusible du Hartz, sur un pied de bois noirci.

Remy

625 Un beau & grand Morceau de Spath   60
fusible, couvert de Pyrites.   Nanteuil

626 Un Spath fusible ; un Spath cal-   36
caire, & une Masse de Cristal : trois   id.
pieces.

627 Un Spath blanc en lames, ou en   20. 19
crête de Cocq, & trois autres beaux
Morceaux de Spath.   Dumay.

628 Une Masse de quartz & de Spath ;   13. 19
Un Spath fusible, couvert de Pyrites,
en tout dix pieces.

629 Douze Morceaux de Spaths, diffé-   13. 12
rens les uns des autres, & un petit   et
rouge d'une Mine de Fer à Torpen-   12 Dumay.
hoc, rare

630 Neuf autres, les uns cristallisés, les   3. 2
autres avec Pyrites.

631 Quatorze Morceaux de Spath cal-   17
caire, Spath cristallisé de Hartz, &
de Lorraine.

632 Quatorze autres, tant petits que   2
gros.

633 Trois beaux Spaths différens, & dix   8. 10
petits.   Boucher

634 Une Masse de Pierre calcaire cris-   16
tallisée intérieurement, & cinq Spaths.

635 Sept Pierres calcaires d'Espagne,
de la Montagne de Kinnekula, &   45. 10
autres Pays.

Boulamaque

15 636 Vingt-quatre Morceaux de Pierres calcaires, de Quartz, dont un de la Louyfiane & de Spaths.

72 637 Une Maffe de Quartz & de Criftal, couverte de Spath calcaire : ce *Sauvage* Morceau a belle apparence.

2 638 Une petite Maffe de Criftaux un peu gris de lin, & autres, portés fur une bafe de Spath ; une autre de petits Criftaux, & de différentes autres criftallifations.

10·1 639 De petits Criftaux blancs & jaunâtres, parfemés dans l'intérieur d'une Maffe de la nature de l'Ardoife ; ce Morceau eft diftingué : plus, de l'Amianthe verdâtre, fur de gros Criftaux de Roche bruns, & un même Morceau d'apparence différente.

Stalactites.

4·12 640 Quatre différentes Stalactites.

18·10 641 Treize autres Stalactites, dont une de Gyps, des Mines d'Argent en Dalécarlie.

avec 642 Cinq Géodes qui ont dans leur in-
600 térieur différens beaux Criftaux,
Sauvage dont deux dans le pourtour font agatifés.

31·16 643 Soixante-neuf Géodes, prefque tous très beaux & de choix : on les divisera en plusieurs Articles.

644 Différens Gypses du Canada, de
Samara, des Mines de Fahlun, &
autres endroits. *10*

*Plaques d'Agates, de Cornalines, de
Jaspes, de Cailloux d'Egypte, de
Rennes, &c.*

645 Deux grandes Plaques d'Agate *15*
Orientales, taillés à huit pans, & *Gruel.*
propres à faire une Boîte.

646 Quatre plus petites, dont deux de *36*
même nature & de même forme
que les précédentes : elles sont ta- *Remy.*
chetées de noir, & propres à faire
deux Boîtes.

647 Quatre autres, deux Orientales, *15. 10*
& deux qui paroissent de bois pétrifié, elles peuvent faire aussi deux *Gruel*
Boîtes.

648 Quatre belles Plaques d'Agate
Orientale, dont deux ont quelques *10. 19*
arborisations.

649 Cinq Plaques d'Agate rubanée, *7. 4*
de différentes formes.

650 Quatre Plaques d'Agates, propres *12*
à faire deux Boîtes contournées. *Roupel.*

651 Huit autres de différentes grandeurs, & variées de couleurs, pro- *12*
pres à faire quatre petites Boîtes. *Boucher.*

6. 7.4 652 Dix jolies Plaques d'Agate, avec lesquelles on peut faire trois Boîtes.

Picart

12 653 Cinq Plaques d'Agate, dont deux très grandes, propres à faire une Boîte.

16 654 Huit Plaques d'Agate, dont plusieurs rubanées.

14 655 Quatre Plaques d'Agate herbée, dont deux grandes peuvent faire une Boîte.

Grimod

18.4 656 Six autres Plaques, dont deux Orientales, & un peu arborifées.

15 657 Trois Plaques d'Agate, de différentes couleurs.

Binée

13.4 658 Six jolies Plaques d'Agate, dont plusieurs sont rubanées, quatre peuvent servir à faire deux Boîtes.

7.15 659 Huit différentes Plaques d'Agate.

12.10 660 Onze Plaques d'Agate, différentes par leurs formes, ou par leurs couleurs.

21 661 Vingt-deux autres Morceaux.

rount

18.1 662 Dix jolies petites Plaques d'Agate, dont une avec des cercles concentriques.

Le Maguien

18.6 663 Cinq autres Plaques, de différentes formes & grandeurs, riches en couleurs.

10.1 664 Six autres.

8.19 665 Seize autres Plaques d'Agate, dont plusieurs petites affez jolies.

Mondon

666 Vingt-quatre Morceaux d'Agate. ~~13~~ *Brulé*

667 Treize Plaques d'Agate, de formes ~~12. 2~~
    & de couleurs différentes. *Boucher*

668 Vingt-une autres Plaques aussi ~~6. 3~~
    d'Agate.

669 Seize Plaques d'Agate, de formes ~~6. 4~~
    contournées & autres, propres à faire
    huit Boîtes.

670 Dix-sept petites Plaques d'Agate, ~~29~~
    parmi lesquelles il y en a quelques-
    unes qui ont des accidens heureux. *Dumay*

671 Douze autres presque toutes ova- ~~15. 12~~
    les.

672 Dix Plaques d'Agate, dont trois ~~10~~
    Orientales.

673 Seize autres, dont une belle couleur ~~8. 13~~
    de Sardoine, quelques unes ruba-
    nées. *Nollin*

674 Onze Plaques d'Agate, d'especes ~~10~~
    différentes. *Dumay*

675 Vingt-trois autres. ~~12~~

676 Douze Plaques d'Agate d'Allema- ~~7~~
    gne, de différentes grandeurs, dont
    plusieurs rubanées.

677 Dix différentes Plaques d'Agate. ~~10. 1~~
678 Vingt-quatre Morceaux d'échantil- *Mondon*
    lons d'Agate : il s'en trouve de jolis. ~~4~~

679 Dix-sept Morceaux d'Agate, de ~~10. 4~~
    différentes formes. *Richard*
680 Quinze autres. ~~10. 5~~

18   681 Trois Plaques d'Agate d'Allemagne, d'un volume considérable.

10. 5 682 Dix Plaques d'Agate, dont huit
Moudon   peuvent servir à faire des boîtes.

13. 4 683 Dix autres, dont deux peintes.

Levasseur 684 Quatre Soucoupes de différentes Agates, dont deux d'un grand volume.

18. 14 685 Cinq Boîtes de différentes Agates d'Allemagne, non montées.

Bailly 30   686 Six autres, *idem.*

20. 2 687 Six autres, dont une d'Agate noire.

15. 11 688 Trois Boîtes d'Agate & six Cuvettes.
Roupel   tes.

16   689 Quinze Cuvettes & Dessus de
Dumay   Boîte.

18   690 Quatre Salieres d'Agate, deux
Sauvage   Tabatieres en gondole, & quatre Cuvettes.

10   691 Sept Cuvettes, deux Tabatieres en gondole, & six Plaques, dont trois sont peintes.

24. 19 692 Une belle Tasse d'Agathe Orien-
Mauve   tale, & huit Jattes d'Agate d'Allemagne.

12   693 Douze petites Cuvettes, dont plu-
Grud   sieurs sont d'Agates Orientales.

9. 12 694 Vingt-six autres, dont quelques-unes sont aussi Orientales.

695 Cinquante différens Morceaux & *75.5*
   petites Plaques d'Agate. *vu. 5.* *Levasseur*

696 Une Boîte d'Agate d'Allemagne, *10*
   avec toutes ses pieces, propre à être
   montée en cage, une Gondole & *10.*
   deux Plaques de Prime d'Améthiste.

697 Dix-huit Plaques d'Agate de dif- *8*
   férentes formes, dont quelques-unes
   sont orientales. *v. 5* *Mondon*

698 Vingt-un Morceaux d'Agate, dont *13*
   quatre sont peintes. *Villers*

699 Vingt-neuf autres, *idem.* *9. 12*

700 Vingt-deux autres. *11 Dumay*

701 Dixhuit petites Soucoupes d'Agate, *9. 5*
   & deux en forme de cuillers.

702 Seize Morceaux, dont huit diffé- *45*
   rens Echantillons d'Agate herbée, *Dumay*
   & quelques Sardoines.

703 Deux belles Plaques d'Agate orien- *27*
   tale, huit petits Echantillons de
   Sardoine, & deux Cuillers aussi *17.*
   orientales, & semés de petits points
   noirs.

704 Dix-huit Morceaux d'Agate, dont *7. 2*
   deux Salieres, une des deux mon- *Mondon*
   tée sur un pied de bronze doré.

705 Quatre-vingt-cinq Echantillons *26. 12*
   d'Agate, de Jaspe, de Cailloux d'Angleterre, Cailloux d'Egypte, toutes *Remy.*
   de forme ronde & de la grandeur

d'une piece de vingt-quatre fols :
tous ces Morceaux forment une jolie petite fuite.

39 - 19 706 Deux Plaques de Jafpe fanguin :
un Caillou en forme d'œil ; ce morceau eft monté en cuivre doré : &
deux belles Plaques de Caillou d'E-
gypte.

6 707 Cent dix Echantillons de différentes pieces de pareille matiere
que celle du n°. 705 , & prefque
tous de même forme entr'eux.

12 708 Quarante-neuf autres Echantillons,
tous d'un joli choix , & de différen-
Boucher. tes matieres comme le n°. précédent.

15 709 Huit grandes Plaques de Corna-
Boulanger. line rouge.

8 710 Dix Plaques de Cornaline , & deux
Anneaux de même matiere.

9 711 Trente différens Echantillons de
Cornaline rouge & d'un morceau de
Cornaline blanche.

16 - 4 712 Dix Plaques de Jafpe de différentes efpeces.

12 - 3 713 Dix autres auffi de Jafpe.

19 714 Deux Tabatieres de différentes formes de Jafpe rougeâtre , deux Pla-
Le Vasseur. ques de Jafpe fleuri , deux de Jafpe
vert , & deux autres fanguins.

715 Une Tabatière de Jaspe fleuri, & dix Plaques de différens Jaspes, dont deux rosaires. 9. 2 *Richard*

716 Dix autres Plaques aussi de Jaspe. 18 *Trouard*

717 Onze autres de différens Jaspes très jolies. 20

718 Neuf autres Jaspes, dont deux bel-les Plaques rouges que l'on croit être naturelles. 19 *M. de Bandevi*

719 Six grandes & belles Plaques de Jaspe vert, sanguin & fleuri. 30. 10

720 Dix autres de différentes couleurs. 10

721 Trois petits Vases, un de Jaspe rouge, l'autre vert, le troisieme san-guin, & une petite Tabatiere, non montée, de pierre rosaire. 9 *Sauvage*

722 Neuf Plaques de différens Jaspes, dont six peuvent servir à faire trois boîtes. 14 *Gruel.*

723 Sept Plaques de différens Jaspes, & trois Jattes de nature différente. 14

724 Vingt-six Plaques, presque tous Jaspes de différente nature. 13- 2

725 Seize Morceaux de différentes for-mes, presque tous de la nature du Jaspe. 9 *Levasseur.*

726 Quatre grandes Plaques de Jaspe, & quatre plus petites. 21 *Richard.*

727 Huit Plaques, dont deux tres gran- 12

des, & six autres qui peuvent servir
à faire trois Tabatieres.

Gaillot de St Geneviève 11 728 Vingt-six Echantillons d'especes
différentes de Jaspe, tous fort jolis.

21 729 Vingt-six autres. *Dumay*

12 730 Douze Plaques de différens Jaspes.

8 731 Vingt-quatre autres aussi de Jaspe. *Jau va Je*

13 732 Quatorze Pieces de Jaspe, & une
Boîte aussi de Jaspe.

Richard 35·19 733 Cinq grandes Plaques de Cailloux
d'Egypte, dont deux sont d'une cou-
leur peu commune.

Nanteuil 23·19 734 Dix autres Plaques toutes assorties
pour faire cinq boîtes.

24·11 735 Dix autres, *idem.*

22 736 Dix autres. *Dumay*

35 737 Dix autres Plaques de Cailloux
d'Egypte, dont plusieurs peuvent
s'assortir pour faire des Boîtes.

15·19 738 Dix autres.

8 739 Douze, *idem. Levasseur*

21 740 Douze autres. *Dumay*

Dubois 20 741 Quatre Plaques de Cailloux d'Angleterre, d'un beau choix, propres
à faire deux boîtes, & six autres Cailloux de Renne propres aussi à faire
des Boîtes.

Sauvage 21 742 Douze Plaques & une Cuvette de
Cailloux d'Angleterre, & dix autres
de Cailloux de Renne.

Grael 15·12 743 Un grand Morceau de prime d'A-

méthiste blanche ; un autre auſſi très
beau, violet ; trois autres, dont un
très vif enfermé, dans une eſpece de
placage.

744 Un Morceau de prime d'Améthiſte
blanche, un autre coloré & monté
dans un cadre de cuivre, un troiſieme peu coloré, & un quatrieme
mêlé avec de l'Emeraude.

745 Une Colonne d'Améthiſte ſciée en
deux ; deux autres Morceaux de même matiere propres à faire une Boïte,
& quatre autres Morceaux.

746 Douze autres Plaques, & une Cuvette de Tabatiere caſſée, de même
matiere.

747 Six Plaques de *Lapis*, dont quatre
propres à faire deux Boîtes.

748 Quatre Cuvettes de *Lapis* de différentes formes.

749 Onze différentes petites Plaques de
Lapis dont quelques-unes très vives en couleurs.

750 Six autres morceaux, dont deux
de la plus riche couleur.

752 Une autre de vingt Echantillons
auſſi de Lapis.

751 Une Boîte de quarante-deux différens Echantillons de Lapis.

753 Trois Plaques de Jade, de différentes couleurs, dont une grande.

9·10 754 Quatre autres Morceaux de Jade, dont trois sont travaillés.

Nollin

18 755 Cinq autres Morceaux, dont un très beau, travaillé aux Indes, & un

Gruel montée en Argent.

15·10 756 Vingt Morceaux de Jade, dont un Manche de Sabre, & un de Couteau.

Agates Arborisées & Figurées.

144 757 Une très belle Agate arborisée Orientale, montée dans un Cadre

Remy doré d'or moulu : elle vient du Cabinet de M. l'Abbé de Fleury.

14 758 Une autre aussi Orientale, montée en or.

28 759 Trois autres d'Allemagne, montées

Roupel en cuivre.

17 760 Un très grand Morceau d'Agate d'Allemagne, tout couvert d'Arborisations.

38·19 761 Deux autres, une Orientale &

Richard l'autre d'Allemagne.

27 762 Deux autres, toutes deux Orientales, l'une arborisée en rouge, &

id. l'autre en noir : elles sont d'un grand volume & propres à faire des Bracelets.

19 763 Trois autres d'Allemagne, aussi d'un grand volume, arborisées en noir.

24 764 Quatre autres *idem*, dont une Orientale. 765

Dumay

765 Six autres, deux en rouge, & les quatre autres en noir. *72·15 Levasseur.*

766 Six autres Plaques arborifées en noir. *13·6*

767 Six autres plus petites. *16 Roupel.*

768 Huit autres. *20 Chauveau*

769 Douze autres. *25·10*

770 Dix autres; dont quatre rouges. *21*

771 Vingt autres. *48 Nanteuil.*

772 Six Morceaux d'Agate, dont deux arborifées en rouge. *19 £·3 Dumay.*

773 Sept autres, dont quatre en rouge. *30*

774 Dix autres toutes arborifées en noir. *9*

775 Onze grands Morceaux, ou arborifés, ou avec des accidens. *20*

776 Douze autres, *idem.* *14·2 Levass.*

777 Quinze autres. *idem.* *30 id*

778 Douze autres, dont quatre en rouge. *30 Boucher.*

779 Vingt autres. *24*

780 Trente autres. *20 Dumay.*

781 Quarante, *idem.* *26*

782 Trente-fept autres *16·2 Dubois*

783 Vingt-neuf autres, dont plufieurs rouges. *17*

784 Quarante autres. *15*

785 Cinquante-une autres. *27*

786 Cinq Agates arborifées, dont une rouge, fept autres onix. *48*

45
Remy.
787 Trois Plaques d'Agate-onix formant des yeux ; & seize autres petits yeux.

16·12 788 Dix-neuf Morceaux, dont la plûpart sont des Onix.

2b·3 789 Soixante-quatorze Echantillons
Richard d'Agates, presque tous taillés pour être montés en boutons.

5·3 790 Soixante autres d'Agate, de Cornaline, de Jaspe, &c.

14 791 Dix-neuf Morceaux de Cornaline taillés en rond & ovale, la plûpart pour être gravés.

Cornalines, Agates, Jaspes, &c. gravés en creux.

24 792 Deux Plaques d'Agates de forme
Sauvage. ovale, d'un grand volume, représentant des Sujets tirés de la Fable.

7·3 793 Six autres plus petites ; cinq représentent des Sujets tirés de la Fable, & la sixieme un Crucifiment gravé sur Jaspe sanguin.

13 794 Six Sardoines, deux Jaspes, une
Mauve. Cornaline-Onix & un *Lapis.*

17·19 795 Quatre Sardoines, douze Jaspes, dont neuf de forme quarré long,
Le Maignen les autres ovales, un *Lapis* de forme ronde, tous Sujets tirés de la Fable ou allégoriques.

796 Dix Sardoines, quelques-unes 38
Onix & deux Jaspes verts.

797 Cinquante Pierres propres à être 21
montées en bague; Améthiste, Cornaline, Jaspe, *Lapis*, &c. plusieurs
sont gravées d'après l'Antique.

798 Dix-neuf autres propres aussi à être 40
montée en bagues. *Dubois*.

799 Vingt-quatre autres. 33 *Levan* 20

800 Cinquante autres. 30 · 2 *Gruel.*

801 Cinquante *idem.* 15 · 3 *Nollin*

802 Cinquante autres. 30 · 10 *Boulan*

803 Cinquante autres. 30 *Lillon*

804 Quarante-huit autres. 17 · 2 *Liguart*

805 Cinquante autres. 22 · 17 *Richard*

806 Vingt autres. 19 · 19

807 Douze autres, toutes de même 23
grandeur, gravées aussi en creux sur *Levasseur.*
des Agates blanches, propres à être
montées en bague, & représentant
les douze Empereurs Romains.

Pierres & Coquilles gravées en relief.

808 Une Cornaline-Onix de forme 26
ovale représentant le Buste de N. S.
un Jaspe sanguin gravé sur les deux *Richard.*
côtés, l'un représente un Buste de N.
S. & l'autre celui de la Sainte Vierge;
une Camée représentant la figure de
S. Jérôme, & un autre celle de S.
Jacques.

31 809 Un Buſte gravé ſur Onix de trois
couleurs, & deux autres Buſtes.

30 810 Quatre Têtes gravées ſur des Cornalines, une petite Tête d'Enfant,
un Jaſpe Onix & une Coquille.

36 *Richard.* 811 Cinq Buſtes de Femmes & deux
d'Hommes, gravés ſur des Onix.

30 812 Cinq autres, qui ſont les Portraits
de Charles V & d'Henri IV; ceux de
Catherine de Médicis, Louiſe de
Lorraine & Charlotte de la Tri-
mouille.

18 *Richard.* 813 Quatre autres Onix repréſentans
quatre portraits de Femmes.

27. 19 814 Cinq autres.

54 815 Cinq *idem.*

42 816 Six autres, dont une gravée ſur
les deux côtés.

196. 10 *Gerardi* 817 Deux Onix d'un grand volume &
de forme ovale, une repréſentant
une Vache, & la ſeconde un Triom-
phe, elle eſt de trois couleurs.

33. 8 818 Vingt-ſix autres.

35 *Boucher* 819 Une Suite d'onze têtes gravée ſur
Lapis, dont huit ſont appliquées ſur
des Cornalines.

5. 5 820 Treize Têtes gravées ſur Coquilles;
la plûpart repréſentent des Empereurs
Romains.

7. 12 821 Sept autres Morceaux, trois por-
tent trois têtes acolées.

Richard

822 Seize Camées fur Agates & Coquilles, repréfentant différens fujets   18·10

Pierres & Coquilles gravées & montées.

823 La Tête de N. S. & celle de la   40
Vierge , gravées en relief fur les
deux côtés d'une Agate de couleur
d'Iris avec une bordure en petits rubis & diamans.

824 Un Coq en relief de diverfes cou-   24·10
leurs fur un fond fardoine , monté
en cuivre doré ; & un Chien couché
fur un careau, gravé auffi en relief
fur agate.

825 Une Sardoine-Onix repréfentant   36
la Tête de Céfar, gravée en creux ,
la tête d'Alexandre gravée auffi en   *Richard*
creux fur Cornaline-Onix , & celle
d'une Femme gravée en relief.

826 Deux Buftes très de relief, celui   16·2
d'un Négre monté en argent , & ce-
lui d'une Négreffe en cuivre doré.   *Lemaignen*

827 Un *Ecce Homo* affis , gravûre en   27
relief fur Jafpe fanguin avec une fer-
tiffure d'or ; & deux autres Sujets de
dévotion , montés en argent , gravés
en creux , l'un fur un *Lapis* & l'autre fur une Sardoine.

828 Trois grandes Pieces gravées en   25
creux , deux fur Agate ; la plus grande
E iij   *La Croniere*

montée en argent représentant Venus qui met à l'Amour son carquois;
la moyenne montée en cuivre doré,
sur laquelle est gravée Judith tenant
la tête d'Holopherne., & une Cornaline aussi montée en cuivre représentant un sujet allégorique.

829 Quatre autres Pierres, gravées en
creux, deux montées en argent, &
deux en cuivre doré.

830 Cinq autres gravées en creux,
dont une montée en argent.

831 Deux grandes Camées en Coquilles, l'une montée en cuivre représentant Moyse, & l'autre différentes
têtes.

832 Deux autres montées en argent,
l'une représentant Bethsabée dans le
bain; & l'autre un sujet de dévotion : ces deux morceaux sont d'un
joli travail.

833 Une espece de Reliquaire monté
en agate avec des émaux, sur lequel
sont gravées deux têtes de Soldats.

834 Quatorze différens Morceaux montés en cuivre & gravés en relief.

Pierres gravées montées en cachet.

835 Le Buste de l'Empereur Adrien,
gravée en creux sur une grande Cornaline, montée en or & à pivot.

836 Un Jaspe fanguin taillé en olive, *53*
d'un côté, & fur lequel eft gravée en
creux la tête de l'Empereur Titus, *Crillon*
& de l'autre le Type de la Conquê-
te de la Judée, monté *idem*.

837 Un Cachet à trois faces monté en *24*
argent avec trois pierres gravées en
creux, la premiere une Cornaline *Dubois*
qui repréfente une Vache; la feconde
un *Lapis* fur lequel eft la Figure de
Venus avec l'Amour, & la troifieme
eft une Sardoine fur laquelle eft gravée un Paon.

838 Une Agate-Onix gravée en creux *36*
de forme ovale, qui repréfente une
Femme coûchée dans un payfage :
ce Cachet eft monté en or.

839 Une Pallas, gravée en creux fur *8.5*
cabochon de Cornaline, monté en
argent.

840 Une Prime d'Emeraude, fur la- *6.6*
quelle font gravées deux figures de *Magnan*
Guerriers : elle eft montée en argent.

841 Une grande Camée moderne re- *86.6*
préfentant une Tête de Minerve, gravée en relief, montée en or en forme
de Cachet.

842 Une Tête d'Homme & une de *14*
Femme acolées, gravûre moderne en
creux fur une forte Cornaline : ca- *Dumay*
chet en or.   E iv

16 . 12 843 Une très belle Cornaline ronde ; la gravûre eſt moderne & repréſente la Figure de la Paix mettant le feu à des armes : Cachet monté en or.

48
Grnd. 844 Une Calcédoine ovale de ſeize lignes, ſur laquelle ſont gravées en creux ſept têtes barbues acolées : Cachet à pivot monté en or.

120
Nanteuil 845 Une grande Sardoine de forme ovale, ſur laquelle eſt gravé en creux un Bachanal ou Fête au Dieu Pan, montée en cachet d'or garni de Rubis, d'Emeraude & de Diamans; trois petits Sujets peints d'une fineſſe extraordinaire ſe trouvent ſous des cryſtaux aux trois faces du Cachet.

9 . 19 846 Une Amétiſte de forme ovale en cabochon, ſur laquelle ſe voit gravée
Le Vaſſeur en creux une Femme tenant une Corne d'abondance, & de l'autre main un arc, cachet en argent.

Pierres gravées, montées en Bagues.

12 . 14 847 Le Buſte d'un Vieillard barbu, portant calotte, gravé en creux ſur un Grenat à huit pants monté en or.

20 848 La Tête d'Hercule, gravée en creux ſur une grande Cornaline blanche,
abb.e du Fraget ſa forme eſt ovale, & cette Pierre eſt montée à jour & en or.

849 Une Tête de Singe, gravée en re- *24*
lief fur belle pierre chatoyante, jouant
la pierre de Lune, montée en or.

850 Autre Tête de Singe, en relief fur *15*
Agate blanche auffi montée en or.

851 Le Bufte d'une Femme Romaine, *58*
gravé très de relief fur Jacinthe ovale
d'une belle grandeur, montée en or *Richard*
émaillé.

852 Une Tête d'homme d'après l'An- *21*
tique, gravée fur une petite Cornaline rouge montée en or, & une autre Tête, auffi d'après l'Antique fur
l'Onix montée en argent.

853 Deux Têtes en regard, l'une d'un *24*
Vieillard, l'autre de Femme, gravées en creux fur une Onix de forme ovale montée en or.

854 Une Onix repréfentant le Bufte *30*
d'un Homme, montée en or.

855 Une petite Figurine fur agate-onix *26.3*
à table bleue de forme ovale, & un
Bufte du Roi fur Cornaline ronde,
toutes deux gravées en creux.

856 Une Tête d'Empereur fur Jafpe *21.2*
fanguin, & une Calcédoine où fe
trouvent gravés en creux trois Epis *Pajot*
qui femblent fortir d'une marmite.

857 Une Tête de Vieillard barbu de *24.2*
forme prefque ronde, d'un affez
E v   *Rollin*

beau volume sur Jaspe sanguin monté en or.

22
Remy
2

858 Autre Tête sur Cornaline montée en or.

859 Mercure assis, gravé sur Cornaline.

48

860 Un Buste d'Homme gravé aussi sur Cornaline de forme ronde.

48
Pajot.

861 Trois Bagues d'Agate, montées en or ; la premiere représente une Tête de Negre, & les deux autres qui sont des Agates œillées, représentent des Têtes de Hiboux.

40
Richard

862 Sept différentes Pierres gravées en creux, dont une Charité, une Tête de Femme & des Figures, six sont montées en argent, la septieme en cuivre.

6

863 Quatre petits Sujets ébauchés en creux sur quatre tables d'Agate-cal-cédoine de formes quarrées longues, montées en cuivre.

25.8
Pajot.

864 Une Tête d'Homme à barbe frisée, gravée sur coquille de forme ronde en relief, montée en or.

16.10
Guinot

865 Le Buste de S. Charles, gravé en relief sur Lapis de forme ovale, aussi monté en or.

36-10

866 Le Buste d'une Femme assez gentille, camée agate-onix.

18

867 Une autre Camée-Onix de forme

Lemaguen.

presque ronde , sur laquelle est représente le Buste d'une Femme.

868 Un Buste de Femme voilée , gra- *18*
vé en relief sur onix de trois couleurs.

869 Un Buste de Negre , vû de face, *20*
gravé sur onix.

870 Autre aussi de Negre , vû de profil, *30*
sur onix.

871 Une Tête de Femme très de relief, *36*
sur Cornaline onix de forme ovale,
le relief opaque , le fond transpa- *Boucher*
rent.

872 Un Camée , Sujet allégorique *24*
composé de plusieurs Figures. *Nollin*

873 Le Buste d'une Femme décolletée, *38 . 10*
gravé en relief sur une Agate rouge,
de grande forme ovale. *Roupel*

874 Deux autres Bagues d'Agate , sur *30*
l'une est gravé en relief, un St. Bru-
no , & sur l'autre en creux, une Tête;
la premiere est Onix.

875 Deux Têtes de profils : ce sont des *27*
Femmes gravées, sur des Cailloux *Sajot*
de médiocre dureté.

876 Une Tête de Vieillard, de face, *18*
gravée en creux sur Cornaline brûlée.

Agates Arborisées & Figurées, montées en Bagues d'or.

220·10 877 Une très jolie Plante coraloïde,
Remy   cette Pierre est une belle Agate rouge, de forme ovale, montée en or.

31·10 878 Une autre Agate arborisée rouge,
abbé Vallée   montée aussi en or.

88·10 879 Une Agate Onyx arborisée de for-
Crillon   me presque ronde.

21·6 880 Une assez jolie Agate arborisée, de
Du Rameau   forme ovale.

37·12 881 Autre Agate aussi arborisée. *Dumay*

28   882 Autre *Idem*, de forme ronde, elle
laisse voir une Tête de Méduse.

24·12 883 Une autre Agate arborisée presque
abb. Vallé   ronde, des arbres semblent être placés sur deux plans différens.

40   884 Deux Agates arborisées, l'une ronde, & l'autre en quarré long.

19   885 Deux autres Bagues d'Agate aussi
montées en or, elles sont avec accidens.

13·5 886 Une Agate de belle grandeur ovale ; on croit y voir une Arbalêtre.

22·10 887 Un joli Œil de Chat rougeâtre. *Remy*

18·19 888 Deux Yeux de Chat verdâtre, cette
Dumay   Pierre est très chatoyante, & montée aussi en or.

22   889 Une autre de deux Yeux de Chat,

Var. 884. 36 S. Hilaire (Bourtin
n 45" l'abb. Vallé.

d'Agate, d'une seule Pierre : ils sont
élevés & proche l'un de l'autre.

890 Trois Bagues d'Agates avec arborifations, dont deux Factices : elles *54*
sont montées en or.

891 Un très bel Oeil avec des Catara- *34*
ques, monté en or. *Crillon*

892 Une belle & grande Hyacinte à *96*
huit pants & taillée à facette. *Dubois*

893 Un grand Grenat chevé en oval. *46*

894 Un joli petit Grenat, avec deux *19·10*
Diamants. *Commis de l'huissier.*

895 Une Cornaline Cabochon, de for- *9*
me ronde.

896 Une Etoile composée de neuf pe- *25*
tites Opales, huit font l'entourage,
la neuvieme qui fert de milieu, est
taillée en ovale : cette Bague est montée en griffe & en or.

897 Une petite Matrice de Perle, de *16*
forme chantournée presque quarrée, *Richard*
montée à jour.

898 Une Pierre de Composition bleue, *15*
taillée à huit pants. *Gruel.*

899 Une Paire de Boucles d'Oreilles, *12*
composée chacune d'une Perle &
d'un petit Diamant.

Tabatieres , Bijoux , Porcelaines , & dif-
férens Objets curieux & même d'Art ;
quelques-uns font d'argent.

423   900 Une Boîte d'or en forme de Cor-
Remy .   beille , dont le deffus eft une très
                  belle Agate arborifée , & la Cuvette
                  eft faite d'un Grenat très beau &
                  d'un grand volume.

30.2 901 Un petit Flacon de Vermeil , orné
                  de trois Sardoines de formes ovales ,
                  gravées en creux , la premiere repré-
                  fente Hercule , la feconde Pallas , &
                  la troifieme Pandore.

18   902 Deux Tabatieres d'Agate , l'une
                  montée en argent,& l'autre encuivre.

15   903 Deux autres, une de Jafpe , & l'au-
                  tre de Prime d'Ametifte , toutes deux
                  montées en cuivre.

15.   904 Trois autres Tabatieres de diffé-
                  rentes Agates de formes ovales , une
Salior   noire , une rubanée & la troifieme
                  couleur de chair , toutes trois mon-
                  tées en argent.

9   905 Trois autres , deux petites d'Agate ,
                  & une plus grande de Jafpe.

15   906 Un Burgos monté en Tabatiere ,
                  & en cuivre doré.

40   907 Un Tabatiere de Chaffe , en forme

de Boîte à poudre, montée en argent, & dont les deux côtés font
formés d'une très belle moule violette.

908 Une autre montée en cuivre, &
de pareille forme, les côtés font une
moule de Magellan.

12. 5
Move.

909 Un très beau Coffre, monté en
argent doré, & composé de six Plaques d'Agate Orientale, d'un très
grand volume ; il y a fur ces Plaques,
plufieurs arborifations : il eft fermé
par un petit Cadenat d'Argent, orné
d'une Agate arborifée ; c'eft un morceau de diftinction.

111
Remy.

910 Un petit Coffre en forme de Bahu,
de cuivre doré, ouvragé, & garni de
Plaques de Sardoine, & Plaques d'A-
gates rubanées.

25
S. Hilain

911 Autre Coffre en forme de Tom-
beau, de Criftal de Roche, monté en
argent, les ornemens dorés.

48. 3
Lacromiere

912 Deux pieces d'Ambre jaune, dont
un Vafe en forme d'Eguiere, mon-
ré en bronze doré.

10

913 Une Boîte à Cadrille, d'Ambre,
& ornée de différens deffeins, deffus,
fur les côtés & fur chaque petite Boîte : les contrats & les fiches font auffi

48

travaillés & gravés.

24   914 Un pied de Croix, aussi d'Ambre, garni de figures & ornemens.

48   915 Une grande Tasse d'Agate ruba-
Remy.   née, ornée de guirlande de fleurs en relief, très bien travaillé à la Chine.

28. 7   916 Une autre plus petite de même matiere & de même travail.

18   917 Une Tasse d'Agate Orientale,
Richard   montée en argent doré , & une grande Soucoupe de forme ovale, aussi d'Agate Orientale.

15   918 Une très belle Tasse d'Agate Orien-
Nanteuil   tale , d'un grand volume.

19   919 Une autre de pareille matiere, moins grande.

24   920 Deux autres de pareille matiere,
Nanteuil   dont une petite montée en argent doré.

10. 6 921 Une très jolie Tasse , avec sa Sou-
15   coupe, de Sardoine.

36   922 Une autre aussi avec sa Soucoupe
15   d'Agate Orientale.

36   923 Trois autres d'Agate d'Allemagne. *Bouch*

24   924 Quatre petits Vases de différentes formes d'Agate d'Allemagne.

60   925 Une Tasse d'un très beau Jaspe universel, montée en or avec deux
Grud   anses & émaillées.

926 Une autre Sardoine gaudronée, de forme ovale, montée en or avec une feule anfe auffi émaillée. 30 *Crouart*

927 Une belle Coupe d'une jolie forme, fur fon pied ; le tout de Jafpe fanguin monté en or emaillé. 72 *Boucher*

928 Une autre plus grande de Jafpe univerfel, fur fon pied de même matiere, montée en argent. 30 *Levasseur*

929 Deux Coupes de différentes formes d'Agate, fur leurs pieds, montées en argent. 16. 19

930 Une grande Soucoupe de forme ovale, d'Agate d'Allemagne garnie de deux anfes, & d'un pied d'argent enrichie de grenats & de vermeil. 40

931 Une autre avec fon couvercle auffi d'Agate d'Allemagne, garnie en cuivre dorée, & montée fur un pied. 8

932 Une très grande Coupe de Jafpe, jaune & rouge, fur fon pied de même matiere, montée en argent. 61. 2 *Lacronière*

933 Un Baril d'Agate, ou Jafpe rouge garni en argent. 72 *Richard*

934 Un grand Vafe en forme de Gondole d'Agate Orientale. 24

935 Un autre, *idem*. 19 *Mauvé*

936 Deux autres plus petites de même forme d'Agate rubanée. 26. 15

Dumay

19 · 5   937 Deux autres, *idem*. *Dumay*

60   938 Une grande Tasse de forme ronde
Bourlamaque arborisée sur les bords : elle est
Orientale, & d'une très belle pâte.

16 · 10 939 Deux autres Tasses plus petites,
d'Agate d'Allemagne, avec leur Soucoupes de même matiere.

42   940 Quatre petites Tasses, dont une
Gruel Orientale, & un Bougeoir aussi d'A-
gate Orientale.

36   941 Quatre Chandeliers d'Agate d'Allemagne.

42   942 Une Ecritoire garnie de toutes ses
Levasseur pieces, d'Agate d'Allemagne.

26   943 Un petit Pot, avec son couvercle
de Jade vert, monté avec une anse &
Dumay dès cercles de cuivre doré d'or moulu.

56   944 Deux Vases, l'un de forme ronde
Picart & l'autre de forme ovale, de Jade
travaillé.

51   945 Un Vase en forme de Caffetiere,
avec son couvercle de serpentine,
monté en argent doré.

30 · 2 946 Une grande Eguiere de Cristal de
Roche, montée en argent

19   947 Un joli Vase de même matiere,
monté sur un pied & garni d'Argent.

39 · 6 948 Un Animal de fantaisie, de Cris-

tal de Roche, monté en cuivre doré.

949 Un Plateau de Cristal de Roche, monté en cuivre doré, le fond qui est aussi de cuivre doré, représente une Ste Famille, d'après Nicolas Poussin, gravée en bas-relief. *40*

950 Un petit Vase de Cristal de Roche avec son couvercle, monté en argent, & deux petits Pots à l'eau avec leurs Cuvettes de Porcelaine blanche, en relief, un garni en argent, l'autre en cuivre. *13-7 leal terram ? l'abb. Vall*

951 Une Tasse & une Soucoupe, de belle Porcelaine brune, du Japon, elle est rare, montées en or. *172-15*

952 Un Animal à quatre pieds, d'ancienne Porcelaine verdâtre, garni en argent. *22*

953 Une Pagode de Porcelaine colorée. *28*

954 Deux petits Pots avec leur couvercles, de Porcelaine dorée, garnis de fleurs en relief. *12*

955 Deux Vases de Verre ancien, avec des ornemens dorés, & un Plateau de même matiere. *21*

956 Deux Dragons, dont le corps est de composition verte, & le reste en cuivre doré. *24*

78.10 957 Un Vase d'argent doré, & qui a servi à la Synagogue de Prague, avec une petite Chaîne d'argent, aux deux bouts de laquelle est attaché un Gland de Corne.

160 958 Un Bonnet Chinois, travaillé en filigrame d'or, orné de Perles & de Pierres, plus, cinq petites Aigretes Chinoises garnies aussi de Perles ; le travail en est fort joli, & c'est un morceau précieux.

46 959 Une autre Bonnêt Chinois, en filigrame d'argent, deux Aigretes de même matiere, une garniture de boutons Chinois aussi en filigrame, & une Bague du même Pays ; tout cet assortiment est d'un joli travail.

18 960 Trois Bocaux renfermant des Bouquets ; l'un fait aux Indes avec des aîles de scarabés, les deux autres composés avec de la Chenille.

La Crosnier

19 960 * Trois autres Bouquets, deux sous des Cafes de Verre, l'un fait aux Indes, l'autre de Coquille, & le troisieme aussi de Coquilles sous un bocal.

25 961 Une Boîte à poudre, faite de deux Morceaux de Coquilles gravées en reliefs, montée en argent, & un pe-

tit fruit d'argent travaillé aux Indes.

962 Un Poignard, dont le manche est
d'Agate onyx, & le foureau garni de
différentes efpeces de Pierres, gravées, de Rubis & de Perles & monté en argent doré.

963 Deux Vafes de Cornes de Rhino-
céros, en forme de Tafles, travaillés
aux Indes.

964 Un autre, *idem.*

965 Un petit Vaiffeau, dont le corps
eft de Nacre de Perle, les Canons de
Corail, les Voiles & les Cordages,
d'argent doré.

966 Deux Cafes de Verre avec filets de
cuivre doré, dont l'une contient
trois Têtes travaillées en Coquille,
en Perle & en Or, & un petit Cerf
d'or & de Nacre; l'autre un Portrait
peint, au deffus duquel eft une Couronne garnie de Diamants, & au-
deffous trois groffes Perles; plus, un
chien compofé d'une Perle & travaillé en or, garni de Pierreries; plus,
la figure d'un Poiffon auffi en Perle,
monté en or & garni de Pierreries:
ces deux Cafes feront vendues en-
femble ou féparément, fuivant qu'on
le defirera.

(marginalia:) 80
l'abbé Nollin
rue de la
madeleine

19
Picart

24

24

Pierres fines & autres, montées & non montées.

50 967 Vingt-quatre Eméraudes tant brutes que taillées.

25 968 Douze Grenats les uns en Cabochon, les autres taillés.

20 969 Quinze autres, *idem.*

42 970 Une grande Hyacinthe taillée à facette, & une même Pierre en Cabochon.

19 . 3 971 Un Pérideau de forme oblongue à
Remy   pans, taillé à facettes, un petit Rubis Spinel Cabochon, & dix-huit petits grenats de différentes formes.

22 972 Un Grenat monté en plomb, &
Le Meignon   douze petits rubis, une Amétiste & un Rubis Balai.

14 973 Un Brut de Rubis Cabochon, un Rubis Balai taillé, & plusieurs petits Rubis.

18 974 Des Vermeilles, des Jargons & des
Dumay   Grenats, avec deux Plaques de Brut de Grenats, taillées.

18 975 Un nombre de Saphirs d'eau, & de
Sauvage   Saphirs de Dupuis, & autres pierres de différentes couleurs.

18 . 1 976 Cinq Cabochons de Saphirs Orientales, deux Grenats Cabochons, &
abbé Du Farget

une Tête d'Enfant, gravée sur Hyacinthe enchaffé en or.

977 Une grande Topaſe d'Allemagne, taillée à facette & de forme ovale, montée dans ſon Chaton. 24. 19 *Richard*

978 Une autre Topaſe d'Allemagne. 19 *Bouchar*

979 Un Criſtal brun dans ſon Chaton, émaillé ; trois Topaſes d'Allemagne, dont deux de couleurs claires, & une Améthyſte blanche. 13. 5 *Dumay*

980 Pluſieurs Criſtaux, dont un fait l'Iris, & des Topaſes d'Allemagne. 13. 19 *id.*

981 Dix-huit petites opales, de différentes formes, & un Morceau d'opale brute. 60

982 Une Opale, & deux différentes Pierres Chatoyantes. 80 *Remy*

983 Onze Pierres Chatoyantes, dont trois en Saphir Cabochons, une Tête de Mort faite d'un Perideau, & un Cabochon de Saphyr percé. 12 *id.*

984 Douze autre Chatoyantes, de différentes formes & grandeurs, une petite Tête d'Enfant en relief, gravée ſur Prime d'Eméraude, & une Aſtroïte. 29 *Crillon*

985 Une très belle Chatoyante d'un volume prodigieux. 130 *abbé Guillaum*

986 Différentes Pierres, comme Topaſes du Bréſil, Chatoyantes, &c. 17

24 987 Dés Améthystes, de différentes formes & grandeurs.

25 988 Quatre Topases du Brésil, de différentes formes.
Defaix,

10 989 Des Topases d'Inde, & des Topases d'Allemagne.
Sinsky.

3 990 Des Crisolites & des Grenats bruts.

10 991 Deux Topases d'Allemagne, l'une Cabochon, l'autre dans son Chaton, & une Composition de Gérasole taillée.
Le Religieux des petits pères.

15 992 Neuf Pierres de Compositions de différentes couleurs, montées en Chatons, une Pendeloque de Rubasses, une Pierre teinte, montée en Pendeloque, un Collier de Grenat, un autre de Composition rouge.

40 993 Une Matrice de Perle, dans sa Coquille.
Nanteuil

28 994 Une Grosse Perle ronde plombée, une autre moins grosse aussi plombée, deux autres Perles rondes & trois Morceaux de Nacre de Perle.
Le Maignen

39 995 Trois Perles rondes assez fortes, plombée, sept Matrices de Perles, dont une montée dans son Chaton, & plusieurs Morceaux de Nacres, en tout dix-sept.

8 996 Deux Plumes de Paon, taillées en Pendeloque
Crouart,

Pendeloque, & deux autres de même matiere.

997 Deux Perles couleur de rose, une rouge, une noire, & différentes autres Perles. Plus une Matrice de Perle travaillée, & formant un petit Chien. *13*

Remy

998 Deux Boutons de Crevées, composés chacun d'une coque de Perle entourée de cristaux, & huit Morceaux de nacre de perle. *9*

Sauvage

999 Huit petits Verres remplis de semences de perles de différentes formes, grosseurs & couleurs, & deux morceaux de nacre de perle. *16. 10*

1000 Une Loupe de prime d'Amétiste, que l'on nomme *Fluor*. *12*

1001 Un Morceau de canon de prime d'Emeraude, & deux petits morceaux de même nature. *48 v. 40*

Dumay.

1002 Des Pierres de compositions & donblets de différentes couleurs, & des Vermeils dans une petite boîte. *5*

Nanteuil.

1003 Deux grosses Topazes d'Allemagne, dix sept morceaux d'Amétiste brut, &c. *14. 5*

Dumay.

1004 Différens Echantillons d'Emeraudes, de Saphyrs, de Turquoise, de Malaquites, &c. *78-12*

1005 Plusieurs Echantillons de Grenats, de Brutes, Jacintes, &c. *72*

Mauvi

F

16 . 10
Crillon　1006 Des Pierres de Compositions de différentes couleurs, & des Grenats.

36　1007 Trente-deux Cases, dans lesquelles il y a différens Echantillons de Grenats, Hyacinthes, Prime d'Améthyste, d'Eméraudes, &c.

9 - 19
Dumay　1008 Six Cristaux, dont un dans la forme du Diamant du Roi.

18 . 5
10.　1009 Différens Cristaux & plusieurs Rubasses.

16 . 4　1010 Vingt-quatre Echantillons de différens Cristaux.

8 . 7　1011 Douze différens Echantillons de Cristal de Roche, presque tous sont avec des accidens.

24 . 2
Guied.　1012 Huit Plaques de Cristal de Roche, & une Boîte aussi de Cristal de Roche, non montée.

15
10　1013 Quinze autres Morceaux de Cristal de Roche, dont plusieurs peuvent servir de Cuvettes.

Fossiles & Pétrifications.

50 . 3　1014 Un petit Corps d'Armoire de bois norci, composé de huit Tiroirs, & renfermant une suite de Coquilles Fossiles.

51　1015 Un autre de pareille grandeur, contenant une Suite de Pétrifications.

1016 Une autre Armoire de Fossiles & ~~63~~
Pétrifications.

1017 Une Pétrification fort rare, que ~~60~~
M. Guetard a fait graver dans les Mé- *Linski*
moires de l'Académie, à la suite de
celui où il rend compte du Palmier
marin pour faire voir que cette Pétrification y a un très grand rapport;
on la nomme *Lapis lilium referens.*

1018 Le même Morceau ouvert, & qui ~~28~~ 4 25
montre son intérieur, qui est aussi *Dumay.*
gravé dans la même Planche que celle de l'article précédent.

1019 Deux Boîtes divisées en plusieurs ~~25~~ v. 67
cazes, & couvertes de Verre : elles
renferment différens Morceaux de
Pétrifications étoilées, qui ont rapport aux deux Numéros précédents.
Cette suite est interressante.

1020 Une grande Aîlée fossile, & un ~~67~~
Tubulaire du genre de ceux dont la
Tête est volutée ; il est en deux Mor-
ceaux.

1021 Deux autres Tubulaires Fossiles ~~50~~ v. 31
de Champagne ; deux Cunolites pé- *Gmel.*
trifiées, une Corne d'Ammon aga-
tifée.

1022 Un Groupe de Tubulaires, pareils ~~31~~. 2
à ceux du Numéro précédent, & *Lesinski*
seize Oursins pétrifiés, dont plusieurs

F ij

font-polis & criftallifés.

10 · 10 1023 Six Ourfins pétrifiés, dont deux
transparents, ils font très bien confervés.

v. 36   11   1024 Dix-fept Ourfins pétrifiés, dont
un tranfparent & agatifié, & une
Mauvé   Cunolite.

150   1025 Quatre autres Cunolites, & dix
Champignons de Mer pétrifiés : on
Crillon   en a joint un qui ne l'eft pas.

v. 140   36   1026 Deux autres Ourfins pétrifiés, placés agréablement par la nature, puif-
que l'un eft vû par-deffus, & l'autre
Mauvé   par deffous : ils font tous couverts d'u-
ne criftallifation fpatheufe, qui paroît
remplacer les pointes qu'ils ont per-
dues : ce Morceau eft très agréable, il
vient du Cabinet de M. de Sully, &
eft gravé dans M. d'Argenville.

28   1027 Une Dent pétrifiée d'un volume
très confidérable, elle eft d'un Animal inconnu, & le Palais d'un Animal auffi inconnu.

9 - 19 1028 Deux Dents molaires d'un Elé-
phant, la racine d'une autre Dent,
Sauvage   & deux Plaques fciées & polies des
mêmes Dents.

18 · 18 1029 Deux petites Cornes d'Ammon,
dont une Agatifiée, deux Morceaux
de Madrepores qui paroiffent être du

Corail par leur couleur rouge, & six
Plaques d'Ardoise avec différentes
Empreintes.

1030 Dix-sept Morceaux d'Astroïtes ou
Madrepores pétrifiés, parmi lesquels
il y en a deux taillés pour faire une
Boîte.

1031 Un Morceau de forme ronde &
plate, de matiere osseuse, & que
nous ne connoissons pas; & différens
Morceaux de Cornes d'Ammon.

1032 Trois beaux Morceaux de bois
agatifié, polis.

1033 Six autres Morceaux de bois pétrifiés, agatifiés & polis.

1034 Huit autres, *idem.*

1035 Un Tiroir de différens échantil-
lons de bois pétrifié, qui sera divisé.

1036 Un autre contenant des Madrepores, qui sera aussi divisé.

1037 Une Armoire renfermant des Pétrifications & des Fossiles, qui seront
détaillés.

1037 * Plusieurs beaux Morceaux de
Stalactites, dont on fera plusieurs numéros.

Marbres, Porphyre, Granite & Albatre.

1038 Soixante-dix-neuf Echantillons de
F iij

Marbres de divers pays.

1039 Trente-deux autres, dans le nombre desquels il se trouve des Morceaux de Porphyrs, de Granites &c.

5   1040 Dix Plaques d'Albâtres de différentes couleurs, propres à faire cinq Tabatieres.

30   1041 Dix autres, *idem*. *Gruel*.

23 · 10 1042 Quinze autres Morceaux d'Albâtre.
Richard

8   1043 Dix-Neuf autres Morceaux.

Gruel.   *Ambres, & Droguier.*

24   1044 Cinq Morceaux d'Ambres, parmi lesquels est une Tabatiere à charniere d'or.

8   1045 Quinze Plaques d'Ambre. *Boucher*

10   1046 Quinze autres, toutes travaillées.

8   1047 Quarante-un autres Morceaux.
Sauvage 12 · 2 1048 Neuf Morceaux, qui tous contienent des Insectes.

30   1049 Un Flacon d'Ambre, un petit Vase, un pied d'estal & autres Morceaux d'ambre : en tout sept.
Nanteuil.

12   1050 Trois gros Morceaux d'Ambre Natürelle.

5   1051 Une Boîte contenant différentes Gommes & Résines.

11   1052 Un Droguier composé de cin-

quante-cinq Bocaux contenans différens objets.

Buſtes de Bronzes, d'Agates & d'autres
Matieres, parmi leſquels il y en a
d'Antiques.

1053 Buſte de Jupiter, la Tête antique 140·5
& le Pied d'ouche, de différens Marbres, le Thorax de Bronze doré.

1054 Deux Buſtes de Bronze ſur pieds 73
de bois, l'un d'Homere, l'autre de
Séneque. —

1055 Deux Petits Buſtes de Marbre, 4·18
l'un de Platon, l'autre d'un Prince,
avec les Cornes de Bélier.

1056 Une Tête de Femme de Jaſpe, in- 18
connue, poſée ſur un pied de bois.

1057 Buſte de Femme en Bronze doré, 18·5
très élégant, ſur un pied d'Avantu-
rine.

1058 Buſte de Bronze très fin, d'un 18·10
Homme inconnu, ſur un pied de
Marqueterie.

1059 Une Tête de Femme d'après l'An- 16·2
tique, fort élégante, en Bronze, poſée ſur un pied de Marqueterie.

1060 Buſte en Bronze d'un très beau tra- 12
vail : c'eſt le Portrait d'un Chevalier
de quelqu'Ordre.

7 . 5 1061 Buste d'Hercule en Marbre blanc, enté sur du Bronze.

36 1062 Buste de Minerve en Agate, sur un piedestal de plusieurs pieces de même matiere.

36 1063 Autre Buste d'Agate sans pied : Figure inconnue.

60 1064 Buste d'Agate barbu, orné de Pierres de rapport, Perles & Pierreries, sur un Pied douche de Marbre.

15 1065 Trois petites Têtes ou Bustes d'Agate, dont l'une est montée en argent, avec un Casque orné de Diamants.

7 . 4 1066 Un petit Buste de Vierge, fin Bronze.

5 1067 Cinq petites Têtes de Bronze, la plûpart Antiques.

9 1068 Huit autres, dont sept de Bronze, deux sont dorées.

80 1069 Deux Têtes de Divinités Indiennes, l'une de Prime d'Eméraudes, l'autre d'Agate montées sur deux Cippes de Jaspe, le tout orné de Bronze doré d'or moulu.

24 1070 Cinq petits Bustes de Bronze ; plus deux Têtes de Négres, d'acier, & trois Têtes de Femmes répétées, aussi de Bronze.

Bronzes Egyptiens.

1071 Une Isis assise, avec Orus sur ses 36
genoux.

1072 Une autre dite, & deux Prêtres 26. 10
Egyptiens.

1073 Une autre Isis Moderne, & deux 15
Prêtres Egyptiens Antiques.

1074 Deux Isis & trois Prêtres. 30 *Grimod*

1075 Une Isis, un Harpocrate, deux 42
Prêtres assis & un debout.

1076 Autre Isis, avec quatre différens 15
Prêtres.

1077 Un Harpocrate & deux Prêtres. 36

1078 Trois Prêtres, dont un assis. 18

1079 Un Prêtre Egyptien de Bronze, 21. 12
& deux Figures de Terre émaillées
en bleues.

1080 Une Figure à Tête de Singe, sur 12
un pied garni de Lézard & Serpent
de Bronze, & deux autres Figures de
Poteries Egyptiennes.

1081 Une petite Isis de Bronze & deux 23. 10
autres Figures de Terre vernissé.

1082 Six petites Pieces, cinq en Bronze, 18. 10
une en Terre; la principale est une
Fortune Panthée.

1083 Quatre Prêtres Egyptiens de Bron- 12
ze.

1084 Six autres. 10. 5

F v

12   1085 Six autres.

6 . 13 1086 Six, *idem*.

30   1087 Quatre Figures de Terre Egyptienne.

9 .   1088 Cinq Figures de Terre Egyptienne.

5   1089 Huit autres plus petites.

12 . 19 1090 Un Prêtre Egyptien de Bronze.

15 . 3 1091 Figures de Momie en bois de Sicomore, & un Epervier de même. Ces deux Morceaux font Antiques.

Lampes de Terre, & autres Curiosités Antiques.

40   1092 Une Lampe Etrusque de Terre, très belle.

13   1093 Trois autres Lampes de Terre antique, avec des Têtes en reliefs.

8   1094 Quatre *idem*, avec ornemens.

12   1095 Trois dites.

2 . 8 1096 Sept autres.

9   1097 Un petit Vase, & un Mouton antique de Bronze.

Picart 37 . 9 1098 Quatre *Phallus*, dont un aîlé.

9   1099 Huit petit Morceaux en Bronze, dont les principaux font trois Clefs, plus un Péroquet de Mer.

12 . 5 1100 Trois Différentes Haches antiques, une de Bronze & deux de Pierre dure.

1111 Quatres autres dites, en Pierres. 5 . 3 Sauvage

1102 Deux Figures de Femme muti- 8
tilées, l'une une Vénus, l'autre une
Dame Romaine.

1103 Trois Figures de Bronze, dont 6
deux mutilées, les principales font
la Minerve & Mars.

1104 Quatre petites Figures de Bronze, 18 . 10
la plûpart mutilées, Mercure & l'A-
bondance font les principales.

1105 Quatre autres dites. 7 - 19

1106 Lampe dans le goût antique, re- 31
préfentant un Homme la Tête entre
les jambes, & fufpendu par les pieds.

*Bronzes modernes, plufieurs d'après
l'Antique.*

1107 Une petite Flore avec un très beau 48 . 19
vernis, pofée fur un focle de bois.

1108 Un Silene & un Faune, le Siléne 30
a les bras foudés.

1109 Un Homme portant une groffe 18
Coquille fur fes épaules.

1110 Une Femme accroupie avec fon 49 . 19
Enfant, un Satyre fur un genou qui
les regarde : ces deux Bronzes font
pendant.

1111 Un Amour couché. 7 . 19

1112 Deux différentes Figures de Vé- 8
nus, dont une a le bras rompu.

F vj

21 · 2 1113 Trois Monftres d'imagination, affez bien réparés.

37 1114 Un Fou & une Payfanne : ces deux Figures font montées fur des pieds de Marqueterie, garnis de Bronze doré.

8 · 10 1115 Un autre Fou, fur un Socle de Marbre blanc.

10 · 10 1116 Une Dame Allemande portant
Guillaume fon Chien, fur un Socle de Marbre noir.

30 1117 Un Soldat qui tient la Tête de St. Jean.

43 1118 Samfon qui terraffe un Lion, fur un pied de bois, garni en Bronze, & pour pendant un Cheval, auffi fur fon pied.

19 1119 Une Femme repréfentant la Religion, figurée en Bronze doré, fur un pied de Marbre noir.

20 · 19 1120 Torfe fur un pied de Marbre rougeâtre, & un Enfant fur un pied de Marbre noir.

8 · 16 1121 Un Enfant affis fur un Dauphin, trois autres petits Enfans.

8 1122 Cinq autres dont plufieurs Amours.

24 1123 Amphytrite & fix plus petits Bronzes en pendants, tous fur des pieds de bois.

1124 Une Femme, Silene, & un petit — 10 *Guillaume*
Homme assis sur un Baquet.

1125 Sainte Lucie & St. Sébastien. 4.5

1126 Quatre Figures de Bronze, Her- 15
cule, une Figure inconnue, & deux
Soldats Romains.

1127 Trois autres, une Femme nue 15.15
tenant un Arc, & deux Figures
d'Hommes inconnus.

1128 Jupiter, Bacchus, & deux autres 24
Figures inconnues

1129 Quatre Figures nues, dont Venus 12.4
& l'Abondance.

1130 Quatre autres, Mars, Mercure, 30.6
un Faune portant un Vase, la quatrieme nous est inconnue.

1131 Quatre Figures, dont trois muti- 9.12
lées.

1132 Huit petites Figures, dont un 12
Mercure & une Vénus, la plus grande partie mutilée.

1133 Huit autres, dont un Mars. 15

1134 Huit dites dont un Marchand 9
d'Oublies.

1135 Onze petites Figures, dont une 13.5
Pandore, un Mars, un Diomede.

1136 Quatre petites figures d'Enfans en 15
Bronze, avec des Guirlandes, des
Coquilles, & des Pierres de rap-
port.

23.3 1137 Un Bœuf & un Bouc en pendans, sur des pieds de bois noirci.

10 1138 Un Sanglier de bronze, sur son pied de bois noirci.

15.12 1139 Un Lion, très fin, sur un pied de Bronze.

22.19 1140 Un Cerf, un Bouc & un Taureau.

14 1141 Six Figures d'Animaux, dont la principale est un Lion.

61.3 1142 Une Figure d'Estropié, Cul-de-Jate.

10.10 1143 Deux Cassolettes de Bronze doré, ornées de Corail incrusté, une Tête de Negre & une Tête de Mort.

Médailles & Bas-reliefs de Bronze, Acier & Plomb.

15.15 1144 Henri II en bas-relief de cuivre, pour être appliqué sur un fond.

6 1145 Henri IV, & Marie de Médicis, par Dupré, Médaillons dorés.

9.15 1146 Autre Henri IV, de Dupré, & le *Mr de la Frete* Chancelier de Silleri.

7.12 1147 Le Président Jeanin, & François IV, par Dupré, grandes pieces.

27 1148 Le Chancelier le Tellier, doré d'or moulu, & la Figure à mi-corps *Richard* de M. d'Argenson, Lieutenant-Général de Police, traité en bas-relief & doré.

1149 Un Reliquaire doré d'or moulu, *10 . 7*
d'un beau travail.

1150 Deux Bas-relief & deux Médailles *20 . 3*
de Varin.

1151 Trente différents Morceaux de *21*
Bronze, dont un Talisman, des *Pirau*
Sceaux du moyen Age, une Boîte à
poudre en forme de Corne, &c.

1152 Dix-sept Pieces en acier, diffé- *10*
rens modeles de Ciselure, dont l'un
représentant la Conversion de St. *Defaix*
Paul, est d'un beau travail, plus un
Miroir d'acier damasquiné en or.

1153 Vingt-une Pieces en Plomb, dont *3*
trois grands Médaillons.

Curiosités Indiennes, Chinoises & Gauloises.

1154 Trois Vases de Bronzes Chinois, *78*
dont celui du milieu est à anse.

1155 Trois dits, celui du milieu est *36*
une Cassolette sur un Plateau, le *Richard*
tout de Bronze.

1156 Un Vase quarré sur quatre pieds, *19*
& deux especes de Flambeaux différents ; le tout de Bronze.

1157 Deux Oiseaux & un Vase damas- *24 . 14*
quiné de Bronze.

1158 Dix Pieces Indiennes, dont sept *18 . 2*
en Bronze, les trois autres en pierre,
terre & bois.

36   1159 Quatre Pieces, dont deux de Bronze, les deux dernieres font une Idole & un Calumet.

40   1160 L'Arbre de Vie avec Adam & Eve, & la Figure du Sauveur du Monde portant un Agneau, Ouvrages du très ancien Gothique.

24   1161 Onze pieces, dont les principales font deux Haches de Sauvages & deux Cuillers indiennes.

601. 15   1162 Habits, Meubles, Armes, & uftenfiles d'Indiens, Sauvages & Chinois; que l'on détaillera, lors de la Vente.

Boucher

et autres

Emaux.

40   1163 Un grand Plat oval, fur les Deffeins de Jule Romain, bien conditionné.

4   1164 Autre grand Plat de Fayence de relief, & émaillé de riches couleurs, repréfentant un Bain de Femme en relief.

48   1165 Un Plat à barbe en forme de Coquille & une Eguiere, en émail d'Hollande.

96   1166 Un grand Morceau d'Email, repréfentant une Cléopâtre peinte fur or, par *Bordier*, célebre Artifte en ce genre.

1167 Deux petits Sujets, avec bordures 1
de Bronze, & deux Portraits.

1168 Une petite Caſſolette montée en 17
or, deux Boîtes de Montre, & ſix
autres Morceaux.

1169 Les douze Céſar. 24

1170 Deux Figures en pieds, dont une 21
eſt Charles XII. *Richard*

1171 Un petit ſujet de David Teniers, 7·12
peint en Camailleu, & propre pour
un deſſus de Tabatiere, & un petit
Flacon d'émail Indien.

Sculptures & Ouvrages en Ivoire.

1172 Vaſe en forme de Taſſe à anſe, 30·5
orné de Sujets en bas-relief, tirés de *Lamonièe*
la Fable.

1173 Un Cylindre autour duquel ſont 33·19
repréſentés les Emblèmes des Quatre
Saiſons, par différentes Figures.

1174 Apollon qui écorche Marſyas: ce
Morceaux d'Ivoire en relief de huit 135·10
pouces de haut ſur quatre pouces ſix
lignes de large, eſt de la plus grande
diſtinction. L'Auteur nous eſt inconnu; il eſt ſous verre & bordure.

1175 Un autre Relief très dégagé; exé- 10·5
cuté auſſi par un Habile Artiſte: il repréſente Hercule, qui tient le Médaillon d'un Cardinal, & la Renom-

mée qui vient pour le couroner.

10 · 5 1176 Zéphir & Flore, renfermés dans une bordure à ornement & à jour, de bois sculpté doré.

16   1177 Deux Pieces bordées de même, dans l'une Vénus au Bain, & des Armoiries, dans l'autre Jupiter & Mnemosyne.

Guillaume

15   1178 Un très beau & grand Médaillon en bas-relief d'Ivoire, appliqué sur un fond noir, sous verre & bordure; c'est le Buste d'Innocent XII.

19 · 19 1179 Celui de Louis XIV. dans son bel âge, très bien exécuté renfermé sous glace, dans une boîte de chagrin garnie & piqueté en argent.

La Cronière

7 · 12 1180 Jason qui combat pour gagner la Toison; & des Fleurs & ornements, le tout gravé en relief, sur un dessous de rappe de douze pouces de longueur.

6   1181 Une Rappe, le dessus & le dessous ivoire, & une moitié de Rappe : des Figures & ornements sont en relief, sur l'une & sur l'autre.

6   1182 La Vierge qui tient l'Enfant-Jésus.

8 · 15 1183 Autre Vierge, la Tête de l'Enfant manque; S. Louis; & un jeune Garçon endormi avec un Mouton.

1184 Un Berger qui préfente nn Bou- *15*
quet à fa Bergere, & deux Bergers,
chacun fur un pied de fantaifie.

1185 Une fuite de quinze petites Figu- *34.10*
rines affez gentilles.

1186 Hercule & l'Hydre, une Figure *50*
emblêmatique, une petite Femme
dans fon fauteuil & deux Vafes ornés
de petites Figures.

1187 Deux Buftes de Jéfuites, & deux *15.16*
Têtes, dont une d'Enfant. *Vilmaudi*

1188 Une Ecritoire, deux Corbeilles *10.9*
imitant l'ofier, deux Couteaux, une
Gaine.

1189 Cinq Buftes en Médaillons, dont *9*
ceux d'Elif. Chatl. d'Orléans, Du-
cheffe de Lorraine, & le Grand Lu-
xembourg, quatre font avec bordures noires.

1190 Quatre Dirs dont Voiture & le *6.15*
Cardinal Dubois, très bien faits.

1191 Trois Tabatieres & trois autres *15*
Morceaux d'Ivoire fculpté.

1192 Six différens Reliefs & deux pe- *12*
tits fujets gravés en creux fur une
Plaque.

1193 Une Fontaine & fa Cuvette, une *14.8*
Boîte à poudre & quatre Pieces travaillés en relief.

12   1194 Bufte d'un Turc, en ronde-bofle, fur un pied de Marbre.

11 · 5 1194 * La Paffion de N. S. en relief, fur quatorze Morceaux d'ivoire rougi ; la Naiffance de J. C. & fon Calvaire, gravées auffi en relief dans le dedans d'une Boîte.

132   1195 Quatre jolis Bas-reliefs, chacun de quatre pouces de haut, fur fix de large; ils repréfentent les Quatre Saifons.

Figures & Bas-relief de Marbre & d'Albâtre.

300   1196 Un petit Amour affis fur une draperie, & tenant un Arc, fon Carquois à la ceinture. Ce joli Morceau en ronde-bofle de Marbre blanc, eft d'un travail fin, par *Alexandre Algarde*, le pied fur lequel il eft pofé, fon Arc & fon carquois garni de Flêches, font de bronze doré d'or moulu.

16   1197 Le Bufte d'un jeune Homme en Marbre blanc auffi de ronde-bofle, fur un pied de Marqueterie.

13 · 2 1198 La Tête de l'Empereur Néron.

24   1199 Une très belle Tête de S. Jean, de forte nature, en Marbre blanc, fur un Plat de Marbre noir, vené de

blanc : on diftingue ce Morceau que
l'on trouve d'une grande beauté.

1200 Deux petits Buftes d'Enfans en re-   25 · 4
lief de Marbre blanc ; renfermés chacun dans une bordure de bois doré.

1201 Adam & Eve au moment de leur   24
Péché, auffi en relief, mais d'Albâtre. Ce Morceau porte dix-fept pouces de haut, fur dix pouces & demi
de large, non compris fa bordure de
bois doré.

1202 Deux autres Morceaux d'Albâtre,   9 · 3
l'un repréfente Mars & Vénus & l'autre une Figure couchée.

Relief & autres Ouvrages, en Pierres de
rapport & Pierres de Florence.

1203 Deux Pierres de Florence où fe   30
voyent des Arbres, & une troifieme
des efpeces de Fabriques, avec des
Compartimens de Pierres de rapport, comme Lapis, Brêche verte,
Marbre de Sicile & bandes de Marbre noir.

1204 Trois autres Pierres auffi de Flo-   16
rence, entourées de Pierres & Marbre de rapport, avec bordures dorées.

1205 Trois *Idem*, dont deux avec des   13 · 10
bandes de Marbre bleu Turquin.

24 · 14 1206 Cinq autres dans des bordures dorées.

8 · 10 1207 Cinq Dittes, trois font avec des Pierres de rapport au pourtour.

12 · 13 1207 * Deux petites Pierres de Florence, avec bordures dorées, & fept fans bordure.

Boulamaque

150 1208 Un beau Vafe de Fleurs & de Fruits très de relief, compofé de différens Jafpes, Prime d'Amétifte, Grenat & autres Pierres : on fait cas de ce Morceau.

36 · 10 1209 Deux petits Morceaux auffi de relief, repréfentant, l'un un Bouquet de Bigarreaux, l'autre un de Prunes, entourés de Marbre de rapport & bordés.

44 1210 Un Vafe de Fleurs en pierres de rapport ; le Vafe, quelques Fleurs & vingt-deux petites Plaques de compartimens font de *Lapis*. Ce Morceau porte dix pouces dix lignes de haut, fur huit pouces neuf lignes de large.

72 1211 Deux autres plus grands Morceaux, auffi en pierres de rapport, ils repréfentent des Peroquets & autres Oifeaux perchés fur des branches de Cérifier.

41 1212 Trois Pierres de Florence en ar-

borifations; des Pierres de rapport incruftées deffus forment de petits édifices.

1213 Quatre Pieces de rapport; trois laiffent voir fur chacune un Oifeau; la quatrieme un Lion fur Pierre de Florence arborifée. *12*

Boulamaj

1214 Quatre Tableaux de Pierres de rapport repréfentant des fleurs. *46-12*

1214* Deux autres de forme oblongue; on voit dans l'un trois Cygnes, & dans l'autre deux Canards des Indes. *36-2*

1215 Quatre dites : dans chacune eft un Oifeau Perché fur une branche; elles font avec bordures de bois rougi. *15*

Magnen

1216 Trois dites. *10*

1217 Des Oifeaux, des Fruits & des Fleurs; fix pieces, fans bordures. *17*

1218 Deux Figures à Callot, en pierre de rapport, chacune eft bordée. *9-16*

1219 Trois Pieces auffi de pierres de rapport, repréfentant des Maifons & des Payfages. *23-19*

1220 Deux autres, *idem*, dont une bordée & ornée de bronze doré. *30*

1221 Une Ville fortifiée en pierres de rapport, dans une bordure dorée. *26-14*

1222 Deux autres repréfentant, l'un des Ruines, l'autre un Fort proche de la Mer; tous deux enrichis de figu- *36-5* res ; ils sont dans des bordures noires.

13 1223 Des Fabriques en pierres de rapport sur deux pierres de Florence arborisées, dans des bordures dorées.

19
Sauvage 1224 Quatre pierres de Florence, dont une avec des pierres de rapport.]

41. 10
Remi 1225 Deux grandes Pierres de Florence, très riches en accidens heureux, dans des bordures dorées.

18. 4 1226 Deux Tableau de bois de rapport, représentant des Rochers au bord de la Mer.

23
Richard 1227 Une petite Porte en compartiment, composé de Plaques de Jaspe universel, prime d'Amétiste, *Lapis*, &c., & douze autres plus petites Pieces, avec bordures noires.

Figures & Reliefs en bois.

20 1228 Un Soldat Romain.

9 1229 Une vieille Femme, une petite Tête d'Homme, & un Buste d'Enfant en buis.

10. 3
Nanteuil 1230 Un Casse-noisette composé d'une figure grotesque, qui tient dans ses deux mains une noisette.

6
Lauronin 1231 Trois Médaillons en buis, N. S. & la Véronique, S. Pierre & S. Paul.

16. 1 1232 Douze différentes Pieces, la principale est une Chasse au Cerf.

1233

1233 Un Vase en gondole , de bois   10 · 4
sculpté doré.

1234 Vingt-une Dames de bois d'Ara-   11
be , sur lesquelles sont gravés des
deux côtés différens sujets.

Ouvrages en cires, en terre cuite ,
soufres & verres.

1235 L'Enlevement de Proserpine , bas-   60
relief en cire de deux couleurs , d'un
travail très fin , exécuté par un Ar-
tiste des plus habiles. Il est sous verre
& porte 2 pouces 3 lignes de haut ,
sur 3 pouces 4 lignes.

1236 Amphytrite , figure debout en   9 · 14
cire & sous verre , & une Tête aussi
de cire entourée d'un morceau de
porcelaine craquelée.

1237 Deux Bustes ; & une Tête de Vier-   9 · 15
ge de douleur , très bien faite en
cire , de relief , sous verre & bordure
noire.

1238 Une Espagnolette & une vieille   10
Femme en cire colorée : ces deux
Morceaux sont sous verre ; le premier
avec bordure de bronze , & le second
en bordure de bois doré.

1239 Deux Bas Reliefs Romains , com-   39 · 19
posé chacun de neuf figures en cire
rouge , sous verre & bordure dorée.

G

51.10 1240 Deux Pieces de différentes pierres de rapport & marqueterie en ébenne; chacune renferme fous verre cinq petits portraits de Dames en cire colorée.

Remy

16.4 *1240 Quatre Portraits diftingués, en cire colorée, & ornés de perles, renfermés fous verre, & en bordures de bois doré.

60.10 1241 Un Obfervatoire, renfermant quatre Têtes en cires colorées, fortes comme nature.

12-17 1242 Un Bufte de vieille Femme grotefque, & une Tête d'Enfant en terre cuite.

17 1243 Trois Chiens qui combattent contre un Loup : ce Morceau en terre cuite colorée, de ronde boffe, eft joliment fait.

Boulangee

36 1244 Trois cens foixante Soufres, Cires & Pâtes, tirés d'après des pierres antiques & modernes, tant en relief qu'en creux.

96.10 1245 Deux cens foixante-douze Pâtes de verre, tirées d'après des pierres gravées.

Boulamague

31 1246 Sept autres, de relief, repréfentant des premiers Rois, Reines, & autres Perfonnages de France, renfermés dans des bordures de bois noirci.

Var. 5

Sauvage

1247 Quinze Plaques de verre avec
incruſtations d'Oiſeaux, ornemens,   32
fleurs, &c. preſque toutes en or.

1248 Vingt-deux autres de fauſſe avan-   16 · 12
turine, faux *Lapis*, &c.

1249 Vingt Dittes, ſur pluſieurs on a   3 · 4
peint des Têtes.

Ouvrages d'art en argent, ou montés en argent.

1250 Un Centaure qui porte ſur ſon   231 · 12
épaule un Burgos travaillé & orné,
ayant un couvercle ſur lequel eſt une
Femme aſſiſe, & proche d'elle un
Enfant. Ce Morceau d'art & de fantaiſie eſt de diſtinction par rapport à
la matiere qui eſt d'argent en partie
doré & d'un beau travail; il eſt de
ronde boſſe, & porte treize pouces
ſix lignes de hauteur.

1251 Un très beau & fort Vaſe de 16   310
pouces de hauteur; le corps eſt en
ivoire, ſur lequel eſt repréſenté en
relief le Feſtin des Dieux : le pied &
le couvercle en bronze doré; des têtes ou maſques, des ornemens, &
trois petits Enfans ſur le couvercle
qui tiennent chacun une fleur de lys,
ſont d'argent.

1252 Un Amour tenant ſon arc, un   20 · 1

G ij

Basque & un Pantalon en argent; le premier sur un pied de bois, les deux autres sur des pieds de porcelaines.

32 · 19 1253 Un petit Taureau d'argent, & une Cassolette de fantaisie en argent doré.

8 · 5 1254 Apollon & Daphné en relief d'argent, appliqué sur du velours; N. S. & la Vierge sur du corail entouré d'argent, & six Pieces tant Médailles que Monnoies d'argent.

25 · 10 1255 Un Soulier du Japon, garni en argent.

25 1256 Un Vase de fantaisie de bois, garni en argent doré, & réprésentant une Chouette.

Grimod

Ouvrages faits de Perles, de Pierres & de Nacrés par Robertet, & figures de Coquilles.

23 1257 Une Garniture de Cheminée, composée de six vases, dont deux avec des anses par Robertet.

10 · 19 1258 Une Paysanne conduisant son âne, & un petit Bacchus sur son tonneau posé sur un pied de Jaspe héliotrope, aussi par Robertet.

15 1259 Un Dragon, un Dauphin, deux Poissons, & un Oiseau par le même.

Vaucanson

1260 Une Pagode par Robertet, & cinq autres Pieces. 14

1261 Deux Figures faites avec des coquilles. 18 *Lavonieu*

1262 Deux Chiens matins faits aussi avec des coquilles. 36. 2

1263 Deux petits Bustes composés de différentes Pierres & de Nacres de Perles ; un troisieme en Agate enrichi de Pierres & de Perles. 99. 19

Tableaux peints sur différentes Pierres.

1264 Des Anges jouant de divers instrumens, peints sur *Lapis*, avec bordure de bronze. 18. 18

1265 La Conversion de S. Paul, peint aussi sur *Lapis* dans une bordure dorée. 36 *Richard*

1266 Autre Tableau représentant la Vierge, avec l'Enfant Jesus & Saint Jean, dans une bordure ornée de bronze doré. 11 *Guillaume*

1266* St. Jérôme & un Sujet de trois figures, peints sur *Lapis* dans des bordures de bronze doré. 9. 4

1267 Le Martyre de S. Laurent, peint sur jaspe, dans une bordure enrichie de Plaques aussi de jaspe. 9. 12

1268 Une Annonciation sur prime d'Amétiste, bordure en bois, ornée de 13. 6 *Gros m.*

G iij

Pierres, de Plaques de *Lapis* & de Jaspe.

6 . 4 1269 Fuite en Egypte.

5 1270 La Mort de S. François, peinte sur albâtre, bordée en bois noirci.

36 . 3 1271 Le Jugement dernier, peint sur albâtre, renfermé dans une bordure noire, avec ornement & guirlande en bois de noyer.

Richard

60 1272 Trois Portraits peints sur albâtre, dont deux ornés de Pierreries, renfermés dans des bordures dorées.

12 1273 Un Bain de Femme, très bien peint sur marbre noir, & une Femme tenant un éventail aussi sur marbre : ce dernier Tableau a une bordure dorée.

Guillaume

18 1274 Une Madeleine dans le Désert, peinte sur albâtre, & des Enfans sur huit autres morceaux d'albâtre.

Des Oiseaux, des Plantes & des Coquillages peints à huile, en miniatures, & à Gouazzes.

36 . 2 1275 De belles Coquilles posées sur une table, & deux Péroquets perchés sur des branches ; Tableau peint sur bois, il porte deux pieds neuf pouces de haut, sur deux pieds sept pouces & demi de large, non compris sa bordure de bois doré.

1276 Un autre auſſi bordé , repréſentant des Coquillages , Coraux, Litophytes, Panaches de Mer , Papillons, &c. peint ſur toile par *de la
Joue.* Il porte deux pieds ſept pouces
& demi de hauteur , ſur trois pieds
cinq pouces de large.

*40
Sauvage.*

1277 Deux autres Tableaux repréſentant des Coquilles , ſur bois avec bordures dorées.

36

1278 Quatre Dits , dont un ſans bordure,

19 · 4

1279 Trois Groupes de jolies Coquilles épineuſes & feuilletées de Saint-
Domingue , attachés à des branches
de corail blanc oculé , peints ſur vélin par *Madame Vien* , ſous verre &
bordure dorée.

*24
Remy*

1280 Un bel Oiſeau des Indes , les aîles
étendues , peint auſſi ſur vélin par
Mad. Vien, ſous verre & bordure
dorée.

21 · 2

1281 Des Papillons & autres Inſectes,
peints auſſi ſur vélin , ſous verre &
bordure dorée.

*15
Richard*

1282 Un grand nombre de petits Oiſeaux dans un Payſage , très bien
peints ſur vélin , par un Maître Hol-
landois , ſous verre & bordure dorée.

16 · 18

(…)

1283 Divers Oiſeaux perchés ſur les

12

branches de deux arbres, peints sur vélin : ce Morceau est d'un grand volume.

9   1284 La Gruë & la Damoiselle, très bien peintes sur vélin par Aubriette, sous verre & bordure dorée.

4. 6 1285 Une espece de Griffon & l'Oiseau Royal, peints aussi sur vélin.

5. 2 1286 *Guiracerba* & la Bécasse de Mer: ces deux Pieces sont peintes, *idem*.

8. 4 1287 Trois différens beaux Oiseaux, peints sur vélin, sous verre avec bordure noire.

3   1288 Un Morillon, peint aussi sur vélin, sous verre & bordure dorée.

5   1289 Deux Colibris, le Cramoisi & un Pupu : trois pieces sur vélin, sous verre & bordure.

8   1290 Quatre belles Tulipes peintes sur deux morceaux de vélin, montées sous verres & bordures dorées.

68   1291 Deux Vases de fleurs, peints sur vélin : un coloris vigoureux & brillant, & la touche des plus savantes rendent ces deux Tableaux d'une grande distinction.

9   1292 Trois Tableaux de figures grotesques.

13. 19 1293 La Vierge, l'Enfant Jesus & S. Joseph; N. S. couché sur les attri-

buts de sa Paſſion ; N. S. & la Vierge
en regard & une Madeleine. Ces
cinq Pieces ſont peintes ſur vélin,
montées ſous glace & bordure de
bronze.

1294 Quatre petits Payſages avec figures, peints à gouazze par Patelle, ſous
verre & bordures dorées. *13 . 10*

1295 Quatorze Buſtes d'Empereurs, &
autres Perſonnages, peints en miniatures en ſept pieces ſous verres. *18 . 16*

1296 Meſſire Jean de Villemontée, &
Marguerite Texier, peints en 1645
par un Artiſte qui avoit du mérite. *12*

1297 Treize petits Portraits & Sujets *23 . 13*
de fantaiſie peints ſur ivoire, & un
Portrait en miniature, ſous glace & *Guillaume*
bordure de bronze ; plus deux Por-
traits en émail. *Ninon de ſenclos et d'Argenson*

1298 Un Sujet de trois Figures ; un *12* *Le 4.e*
Homme & une Femme ſe font des
careſſes ; un Enfant tient un Chat. Ce
Morceau eſt de *Clinchetel,* ſous verre
& bordure dorée.

1298* Le Siege de Thionville & la Ba- *17 . 16*
taille de Norlingue, peints à Gouazze
par Bernard Hilſen, ſous verre & *Richard*
bordures dorées.

1299 Six autres Pieces ; trois Batailles *24*
& trois Marines, ſous verre.

28　1300 Vormes, Bethunes, Fribourg &
　　　　Courtray, peints à gouazze, fous
　　　　verre fans bordures.

12　1301 Quatre différentes Miniatures,
　　　　fous verres & bordures.

4 . 12 1302 Un petit Vafe de fleurs peint en
　　　　miniature, & deux Sujets Chinois.

　　　1303 Divers petits Tableaux, & quel-
　　　　ques Deffeins, qui feront divifés lors
　　　　de la Vente.

　　　1304 De petites Bordures de bronze,
　　　　des Bordures de bois doré, des So-
　　　　cles, & autres Pieces dont on fera
　　　　des articles qui feront vendus dans
　　　　le courant de la Vente.

Emaux, Porcelaines, Figures de Pierre
de Lard, Criftaux, & autres Objets.

13 - 5 1305 Un Vafe & deux efpeces de Sa-
　　　　liere, peints en émail, & fur lef-
　　　　quels font repréfentés des Sujets.

24　1306 Une Mafcarade compofée de
　　　　cinq Figures en émail, fous une clo-
　　　　che de verre.

29 . 12 1307 Des Ouvriers travaillants à la
　　　　mine, dans un bocal de verre.

9 . 12 1308 Deux grandes Pagodes de Porce-
　　　　laines blanches anciennes mutilées.

45　1309 Deux groffes Grenouilles de Por-
　　　　celaines des Indes.

1310 Un petit Vase de Porcelaine trui- 3
tée, deux petites Bouteilles & deux
Urnes bleues de verre avec ornemens dorés.

1311 Un grand Vase ou Eguiere de 18.4
fayence bleue, mutilée.

1312 Un grand Plat & une Bouteille 12.12
de verre.

1313 Un Vase à anse de Porcelaine 13
blanche & agremens bleus.

Un autre Vase de verre imitant 6
le marbre, garni de bronze doré.

1314 Un grand Vase de Cristal, travaillé.

1315 Un Vase de terre de Bocaro. 5.19

1316 Un Vase de terre enrichi d'or- 5
nemens & de feuillages de même
matiere.

1317 Deux Vases & deux Boîtes à thé, 15
de terre rouge.

1318 Une grande Urne de terre anti- 18
que. *Richau*

1319 Une Bouteille de verre antique, 12.10

1319 *bis.* Deux Lacrymatoires de verre 8.4
antiques, & plusieurs autres Pieces :
en tout huit.

1320 Trois Figures Chinoises, ou 3.4
Pierre de Lard.

1321 Une Femme tenant un Enfant. } 28
1322 Deux jolis petits Flaccons, deux }

G vj

Vases ornés de fleurs & de fruits ; deux petites Figures groupées ensemble , & deux Chinois assis : le tout de Pierre de Lard.

1323 Un Chinois & un petit Canapé.

1324 Un Ecran, ou Feuille de paravent Chinois , en Pierre de Lard , & deux Tableaux Chinois.

1325 Une Pagode Chinoise de bois, deux Petits Pots à thé d'albâtre, un Poudrier & un Encrier, de Nacre de Perle.

1326 Un Plat de Pierre de Lard, & un de Serpentine.

1327 Quatre Ecrans de la Chine.

1328 Huit petites Boîtes de Lacq noir & or.

1329 Un Vase d'albâtre de joli forme , & trois autres Vases.

1330 Une Eguiere de métal du Japon.

1331 Une Pipe Persienne de métail blanc imitant l'argent.

1332 Un Coco du Moluque en deux parties , & un Limas de l'espece du Cordon-bleu , posé sur un pied de bois indien.

1333 Deux petits Plats, composés de Morceaux de Nacre de Perles , de Pierres fines & fausses.

1334 Un Plat, une Soupiere, & six   18
Affiettes à l'ufage des Sauvages.

1335 Des Plats, Cuillers, Flaccons, &   7. 4
autres uftenfiles de bois, auffi à l'u-
fage des Sauvages, en tout quarante
pieces.

1336 Quatre Cuillers de terre verte,   9. 4
trois Cuillers faites de Coquilles,
montées en argent, quatre autres en   *Nanteuil*
Nacre de Perle, deux Couteaux gar-
nis d'argent, & deux Boîtes à poudre.

1337 Quatre différens Plats, avec Fi-   15
gures & ornements de terres anciennes.

1338 Trois Lézards & des Plantes de   3. 2
Métail blanc, formant un Parterre,
renfermés dans une Caze de verre,
pofé fur un pied de bois noirci.

1339 Différentes Coquilles dans une   9. 15
petite Boîte platte, de Lacq, un petit Vafe & fon couvercle, de bois;
& quatre Taffes de Lacq.

1340 Une petite Urne cineraire, de   48
terre ancienne, des Haches antiques,
&c. en tout feize pieces.

1341 L'Habillement d'un Mandarin &   174. 2
plufieurs ajuftements.

1342 Des Figures, Animaux & Plantes   160

Valle

brodés en foye, colés fur des Papiers
blancs : Ouvrages de la Chine.

24. 2 1343 Des Plumes de différens Oifeaux
des Indes, attachées fur vingt Feuilles
de Papier blanc.

22 1344 Deux Ceintures Italiennes.

31. 4 1345 Quatre petits Vafes, trois de com-
pofition, le quatrieme de Marbre.

22. 6 1346 Quatre Vidrecomes de terre bleuâtre.

3. 2 1347 Une Bouteille d'ancienne terre
brune.

24. 3 1348 Un petit Baril de Serpentine, la
canelle, le bondon, & deux cercles
en bronze doré ; un pied de bois
doré le fupporte.

31. 5 1349 Une grande Urne à anfe ; d'ancienne terre noire & or.

31. 5 1350 Une Eguiere, un Vafe, un Plat
long & un Plateau de ferpentine.

48 1351 Un grand Médaillon de cuivre en
partie émaillé, on y remarque la
Vierge dans une Gloire, des Rayons,
des Têtes de Chérubins, & des ornemens : le tout de corail en relief.

15 1352 Le Martyr de S. Etienne, & la
Converfion de S. Paul, en bronze de
relief, fous verre & bordure noire.

12. 15 1353 Des Enfans, dont un monté fur un

Bouc, en bois de relief, découpé sur un fond de velours bleu, avec bordure noire, & une Paysanne aussi de relief, en bois peint, sous verre & bordure dorée.

1354 Onze Eventails de la Chine & de France.

107 . 6

1355 Un petit Herbier en trente pieces, sous verre, renfermées dans trois Boîtes.

72 v. 48.
Gaillot

1356 Des Plantes coralloïdes, attachées sur dix-sept feuilles de papier blanc, & onze autres jolies Plantes aussi coralloïdes, d'Alger.

29 . 19
Nanteuil.

1357 Des Papillons, tant des Pays Etrangers que de France, renfermés sous verre & bordures dorées, au nombre de sept.

48 v. 72.
Mauvais

1358 Un Chapelet curieux, composé de cent vingt-quatre grains de bois d'ébenne, qui renferment sous verre, les Saints de l'année, peints en Miniatures.

16
Du Frajet

1359 Une Cordelière de jaspe, une autre de jaspe & agate, montées en cuivre doré.

16 . 4
Nanteuil.

1360 Plusieurs Chapelets & Colliers qui seront détaillés.

16 . 15

1361 Une Loupe d'écaille, composé de deux verres & d'une très belle agate

154
Richard

arborisée, Orientale : cette piece dif-
tinguée, vient du Cabinet de M. l'Ab-
bée de Fleury.

*Armoires , Bureaux, Médaillers, Tables
de Marbre avec des pieds de Bronze,
& autres effets.*

340   1362 Quatre Girandoles de bronze, ornées chacune d'une Autruche, composées d'un Oeuf de cet Animal qui
en fait le corps, le surplus est de
bronze doré : ces quatre pieces sont
de goût & très bien réparées.

750   1363 Deux Tables de marbre de bro-
catelle d'Italie, posées sur des pieds
de bronze , enrichis d'ornemens &
d'un goût distingué : la composition
& la finesse du travail est tout ce que
l'on peut trouver de mieux.

720   1364 Une Armoire qui servoit à renfermer la Collection des Minéraux ; sa
hauteur est de huit pieds , & sa lar-
geur de douze pieds : la Porte du milieu a deux glaces, l'une de quarante-
six pouces de haut , sur vingt-quatre
de large; l'autre de vingt-sept pouces
aussi sur vingt-quatre : les deux Portes aux côtés de celle ci-devant ditte,
composées chacune de deux glaces ;
celle de la partie supérieure de qua-

rante-fept pouces de haut, fur vingt
de large & celle de la partie inférieure
de vingt-fept pouces de haut, fur
vingt de large. Les deux autres Portes,
aux extrémités dudit Corps d'Armoire, garnie chacune d'une glace fupe-
rieure, de quarante-un pouces de haut,
fur dix-huit, & les deux inférieures de
chacune vingt-fix pouces, fur dix-
huit. Cette Armoire eft richement ornée de belles fculptures en bois argen-
té; les moulures & les fonds font
peints en bleu, toutes les ferrures
proprement faites, font argentées au
feu; il y a auffi quelques pieces en
argent.

1365 Un Cabinet en Coquillier de bois   *365*
d'Amaranthe, compofé de vingt-fix
Tiroirs, deux Portes brifées faites
avec art, fe trouvent placées, fans   *Boulan̄ej*
être vue, dans l'épaiffeur des côtés dudit Cabinet, & fervent quand on le
veut à renfermer vingt-deux Tiroirs;
Une Table de très beau marbre fera-
colin, fait le deffus de ce Cabinet,
qui a été inventé & exécuté par le
celebre *Ebeine*, Ebénifte du Roi.

1366 Un Coquillier de bois de Poirier,   *90. 1*
compofé de quarante Tiroirs, & de
deux grandes Portes fermantes à clef:

il porte cinq pieds de haut, fur trois pieds fix pouces de large, & quatorze pouces & demie de profondeur.

25 . 1 1367 Une petite Gallerie, enrichie de Pilaftre de Marqueterie, Chapiteaux, Bafes & Vafes de bronze doré & ornée de fept glaces.

8 . 11 1368 Une autre auffi en Marqueterie, & garnie de glaces.

9ᵗ 24ᵗ 1369 Plufieurs petites Armoires, corps de Tiroirs, Médaillers, petits Coffres, Boîtes, &c. que l'on vendra dans *29ᵗ ₐ* chaque Vacation.

A V I S.

Un grand Rubis balai de forme ovale, taillé deffous à double dentelle recoupée & à degrés par-deffous, ayant plus de deffus que de deffous, très net, avec quelques petites égrifures au feuillètis, pefant cinquante - cinq Karats forts, faifant deux cens vingt grains: la couleur tire un peu fur le vinaigre ; ledit Rubis eft dans fon chaton d'or émaillé à deux charnieres, dans lequel il n'eft point ferti. Il eft dépofé au Greffe de la Cour des Aydes de Paris; la Vente fera indiquée par des Affiches particuliere.

F I N.

TABLE

TABLE.

TABLE.

Fin de la Table

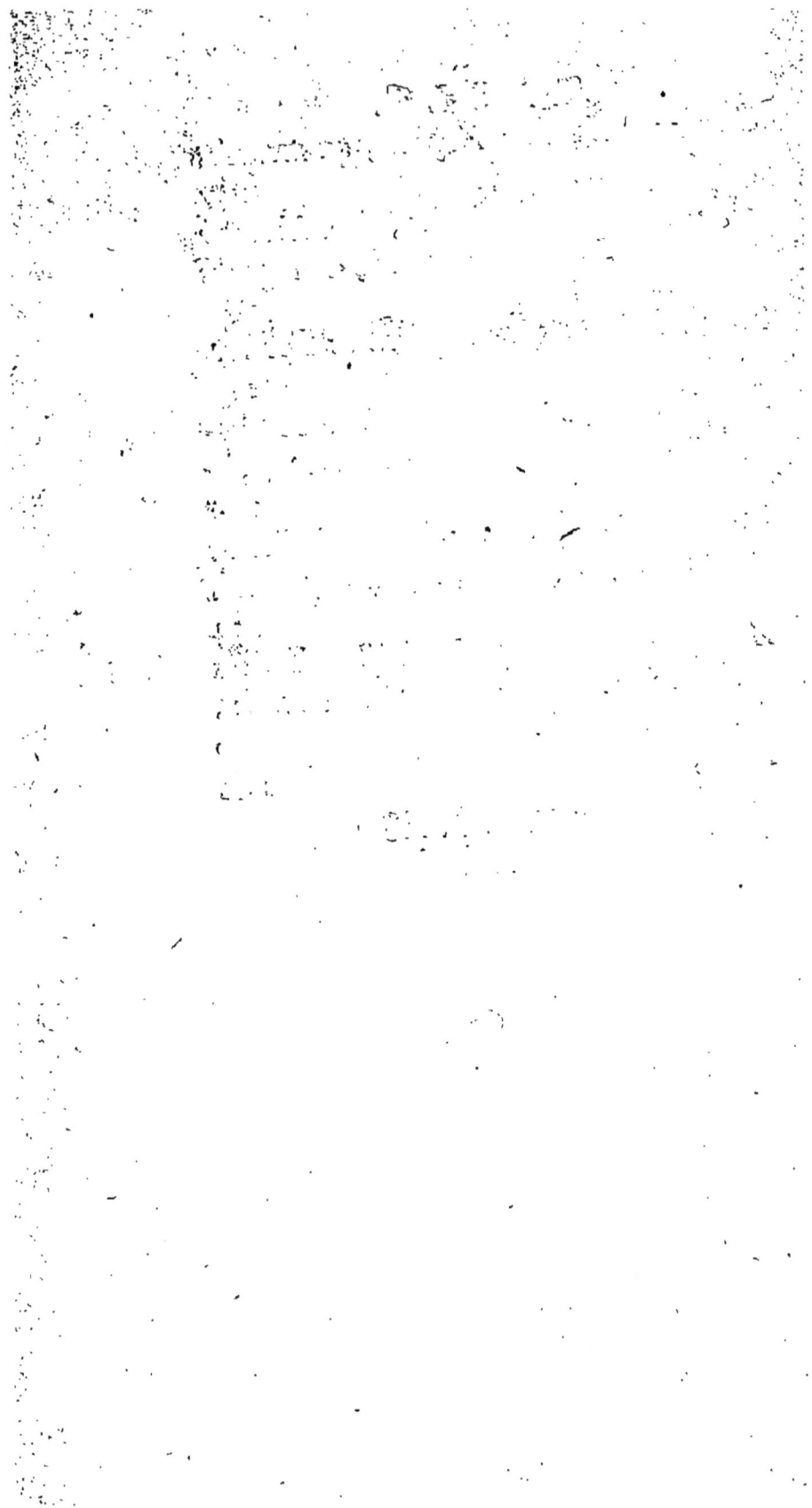

812 *pieces grands th. 6/...*

I. 1914.

m